# tout savoir en un clin d'œil !

## mémo visuel pour toutes ces choses que l'on n'aurait jamais cru savoir, et autres leçons oubliées



Draught Associates

éditions le baron perché

Table des matières : L'œil humain Les proportions
Comment volent les avions ? L'avion en papier Les
carte des grandes découvertes Les nœuds Les
animaux en ombres chinoises Les animaux en
La circulation sanguine humaine Les courants
profondeurs de plongée Le sous-marin La baleine
snowboard Le ski ... athlon Les techniques de prise
planètes Les constellations La course à l'espace
au cinéma La Terre Mars Le télescope L'appareil
arbres Les assemblages en menuiserie Le squelette
plus rapides Les véhicules les plus rapides La
peinture au XIX^e^ siècle Le cercle chromatique Les
italiens Les papilles gustatives Un régime équilibré
digestif humain La méthode de Heimlich Self-
papier L'aéroglisseur L'éolienne Les nuages L'arc-
du son Les points de réflexologie Le fox-trot
Les créatures au cinéma Les bestioles Les Beatles
des temps géologiques de la Terre Les plaques
de cheveux Les chapeaux Le cerveau humain Le
Sud Le cycle de l'eau Les montagnes Les tours et les
classique Les dieux grecs Les dieux romains Le
unités de mesure Les durées de vol Les fuseaux
couvert L'échiquier Henri VIII Les mains au
la pièce Le jeu de la ficelle Les accords de guitare

du visage Les smileys L'alphabet phonétique
altitudes de vol Le sémaphore Les drapeaux La
nœuds de cravate Le tricot Les baguettes Les
ballon Les poumons humains Le cœur humain
océaniques La profondeur des océans Les
bleue La respiration chez le poisson Le crawl Le
Les terrains de sport Les balles et les ballons Les
Les vaisseaux spatiaux Les vaisseaux spatiaux
photo La photosynthèse Les feuilles La taille des
humain Les muscles humains Les animaux les
mécanique automobile L'industrie au XIXe siècle La
cocktails Quelques vins français Quelques vins
Huit crêpes Les dents L'agneau Le bœuf Le système
défense Les bandages Le lange Le bateau en
en-ciel La vitesse de la lumière La vitesse
Quelques empreintes d'animaux Les dinosaures
Les Rolling Stones Le diamant Le carbone L'échelle
tectoniques Le volcan Les cheveux Les coupes
système nerveux humain Les fleuves d'Amérique du
monuments L'architecture gothique L'architecture
théorème de Pythagore Le théorème du cercle Les
horaires La table de multiplication Dresser le
poker Les pièces de monnaie Le tour de
Les accords de piano Les décibels Big Bang

# L'œil humain

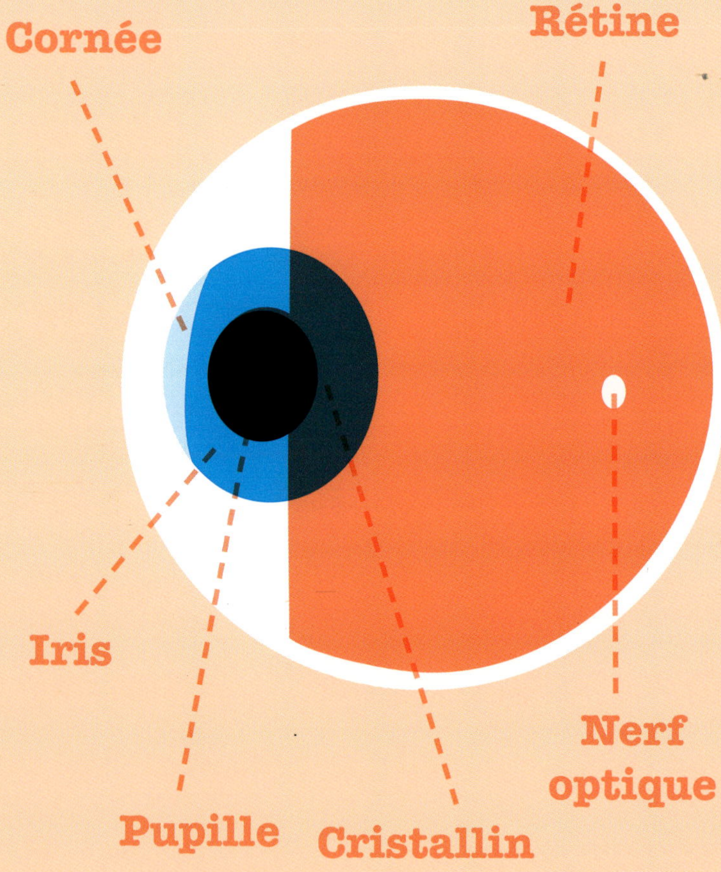

# Les proportions du visage

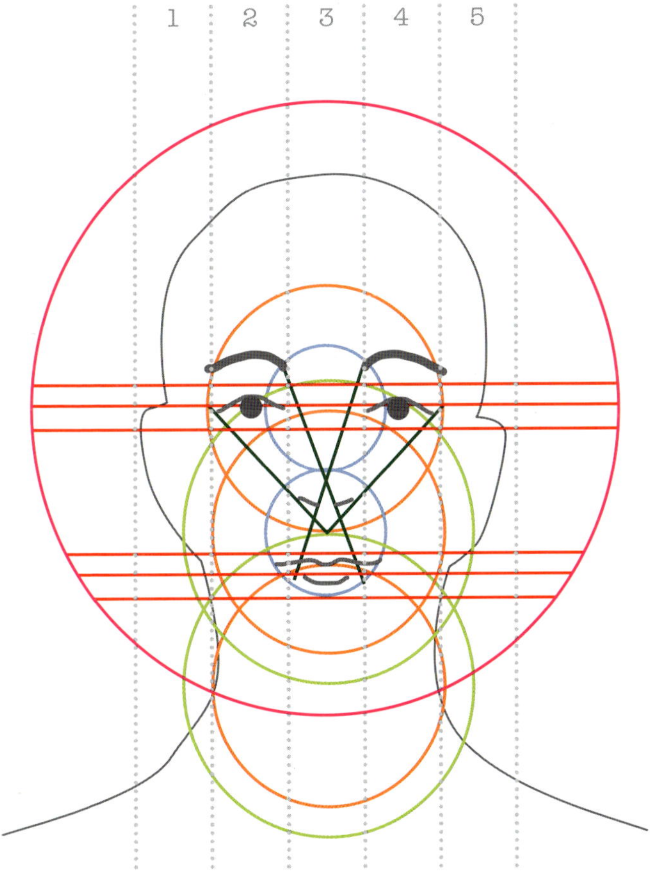

**Les smileys**

| | | |
|---|---|---|
| :-) | 8-) | :-[ |
| ;-) | B:-) | :-E |
| :-( | :!-) | :-F |
| :-I | B-) | :-7 |
| :-> | 8:-) | :-* |
| >;-> | :-)-8 | :-)~ |
| (-: | :-{) | :’-( |
| %-) | :-{ | :’-) |
| :*) | {:-) | :-@ |
| [:] | }:-( | :-# |

## L'alphabet phonétique

| | |
|---|---|
| A | Alpha |
| B | Bravo |
| C | Charlie |
| D | Delta |
| E | Echo |
| F | Fox-trot |
| G | Golf |
| H | Hotel |
| I | India |
| J | Juliet |
| K | Kilo |
| L | Lima |
| M | Mike |
| N | November |
| O | Oscar |
| P | Papa |
| Q | Quebec |
| R | Romeo |
| S | Sierra |
| T | Tango |
| U | Uniform |
| V | Victor |
| W | Whiskey |
| X | X-ray |
| Y | Yankee |
| Z | Zulu |

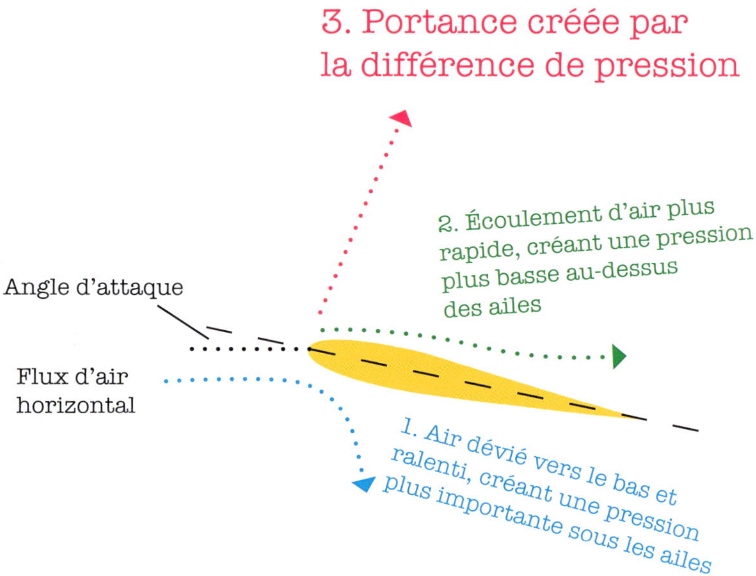
3. Portance créée par la différence de pression
2. Écoulement d'air plus rapide, créant une pression plus basse au-dessus des ailes
Angle d'attaque
Flux d'air horizontal
1. Air dévié vers le bas et ralenti, créant une pression plus importante sous les ailes

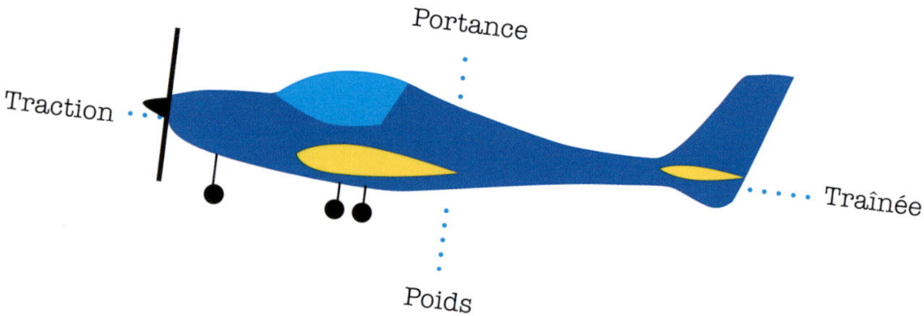
Portance
Traction
Traînée
Poids

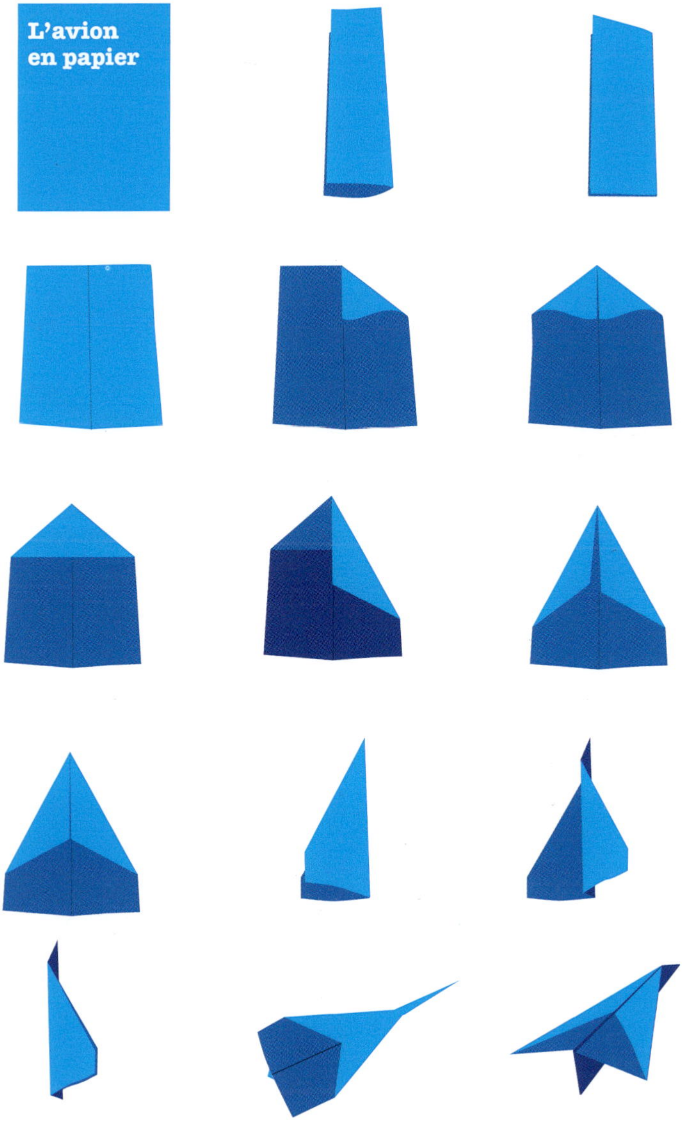
L'avion
en papier

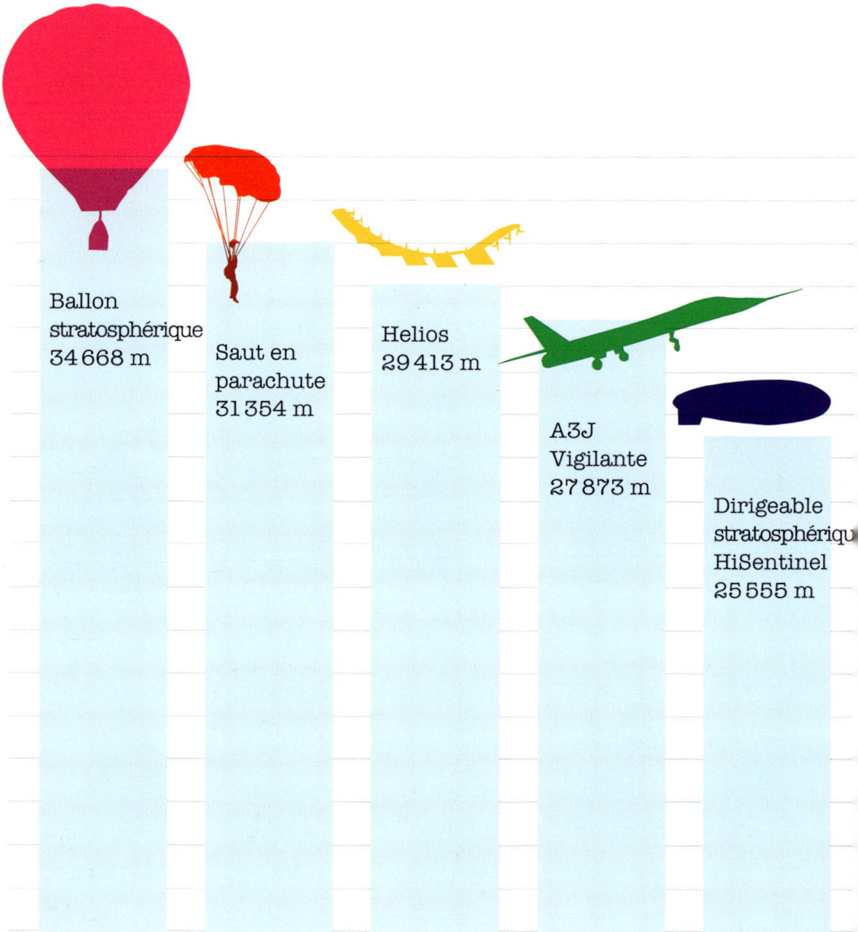
Ballon
stratosphérique
34 668 m
Saut en
parachute
31 354 m
Helios
29 413 m
A3J
Vigilante
27 873 m
Dirigeable
stratosphériqu
HiSentinel
25 555 m

# Les altitudes de vol

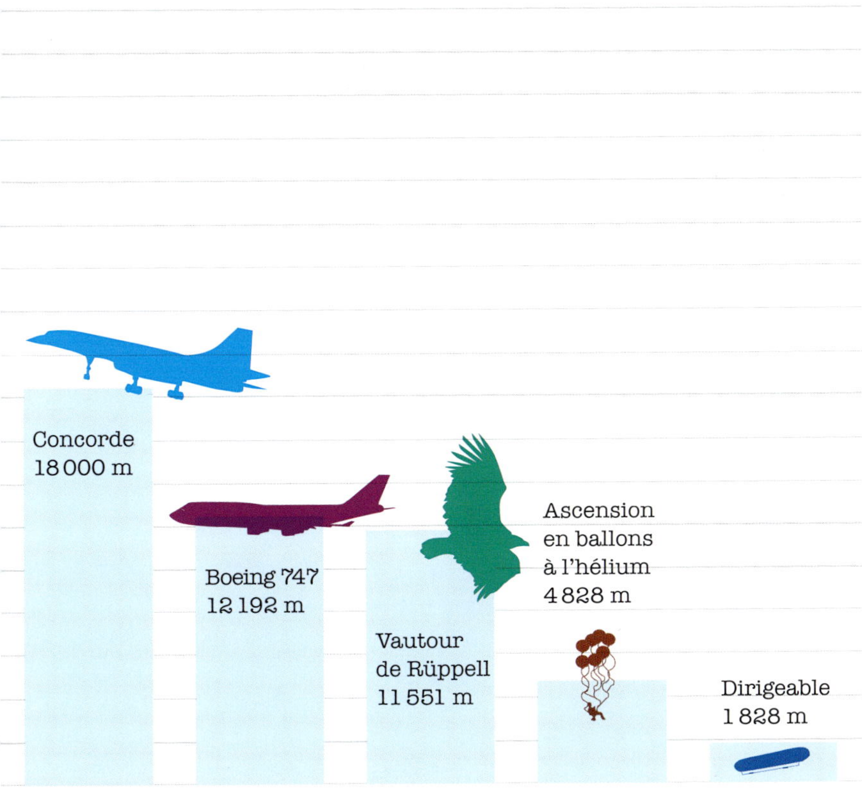

## Le sémaphore

D

E

F

J

K

L

P

Q

R

V

W

X

ATTENTION

PAUSE/ESPACE

Nouvelle-Calédonie
La Réunion
Île Tromelin
Saint-Pierre-et-Miquelon
Wallis-et-Futuna
Mayotte
Martinique
Guyane française
Guadeloupe
France
Terres australes et antarctiques françaises
Croatie
Thaïlande
Pays-Bas
Paraguay
Serbie-et-Monténégro
Costa Rica
Crimée
Mordovie
République dominicaine
Antilles néerlandaises
Îles Féroé
Îles Aland
Islande
Suède
Norvège
Finlande
Shetland
Danemark
Ordre souverain de Malte
Suisse
Tonga
Géorgie
Angleterre
Guernesey
Irlande du Nord
Sercq
Bahamas-Civil
Vanuatu
Sao Tomé-et-Principe
Jordanie
Palestine
Koweït
Soudan
Afrique du Sud
Philippines
République tchèque
Guinée équatoriale
Bahamas
Touva
Mozambique
Sahara occidental
Comores
Djibouti
Timor oriental
Zimbabwe
Cuba
Porto Rico
Chili
Liberia
Île Wake
États-Unis d'Amérique
Îles Midway
Malaisie
Turquie
Chypre du Nord
Tunisie
Singapour
Anjouan
Cap-Vert
Maldives
Algérie
Mauritanie
Pakistan
Ouzbékistan
Turkménistan
Azerbaïdjan
République centrafricaine
Maroc
Chine

Vietnam
Cameroun
Togo
Somaliland
Sénégal
Burkina Faso
Guinée-Bissau
Ghana
Surinam
Adyguée
Congo-Kinshasa
Panamá
Corée du Nord
Somalie
Syrie
Yémen
Irak
Égypte
Haute-Volta
Oudmourtie
Canada
Malte
Dubai
Tahiti
Autriche
Polynésie française
Monaco
Indonésie
Pologne
Groenland
Japon
Bangladesh
Corée du Sud
Palaos
Caricom
Kalmoukie
Kanaky
Laos
République de Sakha
Yakoutie
Botswana
Argentine
République de l'Altaï
Honduras
Saint-Marin
Micronésie
Israël
Uruguay
Seborga
Grèce
Guatemala
Ciskei
Îles Salomon
Bosnie-Herzégovine
Namibie
Bophuthat-swana
Saint-Christophe-et-Niévès
Lesotho
Trinité-et-Tobago
Tanzanie
Brunei
Île Christmas
Grenade
Jamaïque
Burundi
Écosse
Jersey
Royaume-Uni
Australie
Île Heard et îles McDonald
Îles Cocos
Nouvelle-Zélande
Îles Cook
Montserrat
Anguilla
Sainte-Hélène et dépendances
Îles Malouines
Îles Caïmans
Îles Vierges britanniques
Tuvalu

Fidji
Niue
Bermudes
Birmanie
Taïwan
Samoa
Abkhazie
Ichkérie

Tchétchénie
Ingouchie
Iran
Tadjikistan
Bulgarie
Tatarstan
Hongrie
Madagascar

Italie
Mexique
Nigeria
Île Norfolk
Arabie saoudite
Libye
Communauté d'Afrique de l'Est
Gabon

Saint-Christophe
Saint-Vincent-et-Grenadines
Ukraine
Rwanda
Aruba
Îles Canaries
Barbade
Madère

Roumanie
Andorre
Moldavie
Tchad
Équateur
Colombie
Venezuela
Maurice

Seychelles
Îles Marshall
Nauru
Macédoine
Lebowa
Malawi
Antigua-et-Barbuda
Kirghizistan

Kazakhstan
Kiribati
Îles Vierges américaines
Papouasie-Nouvelle-Guinée
Samoa américaines
Dominique
Zambie
Albanie

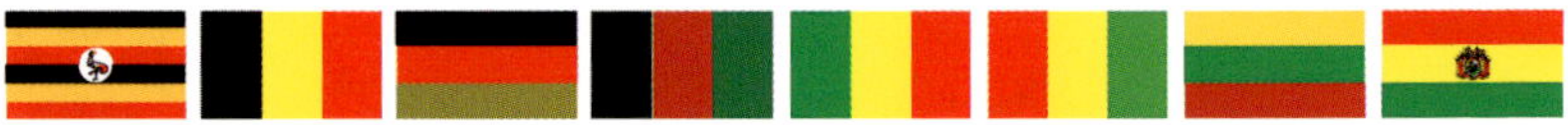

Ouganda
Belgique
Allemagne
Afghanistan
Mali
Guinée
Lituanie
Bolivie

Éthiopie
Guyane
Congo-Brazzaville
Dahomey
Bénin
Venda
Émirats arabes unis
Khakassie

Transvaal
Oman
Kwazulu
Swaziland
Kenya
Slovaquie
Portugal
Pérou

Slovénie
Kabardino-Balkarie
Nicaragua
El Salvador
Érythrée
Tchouvachie
Liban
Haïti
Guam
Hong Kong
Macao
Îles Mariannes du Nord
Belize
Russie
Luxembourg
Gagaouzie
République des Maris
Mongolie
Liechtenstein
Vatican
Royaume de Bahreïn
Qatar
Lettonie
Transkei
Inde
Niger
Irlande
Côte d'Ivoire
Owaqua
Pays de Galles
Bhoutan
Sri Lanka
Espagne
Ossétie du Nord
Alanie
Bouriatie
Angola
Îles du Détroit de Torrès
Gambie
Carélie
Daguestan
Komi
Sierra Leone
Gazan Kula
Estonie
Cambodge
Gibraltar
Jammu-et-Cachemire
Biélorussie
République moldave du Dniestr
Arménie
Haut-Karabagh
Brésil
Laponie
Antarctique
Chypre
Sainte-Lucie
Népal

# La carte des grandes découvertes

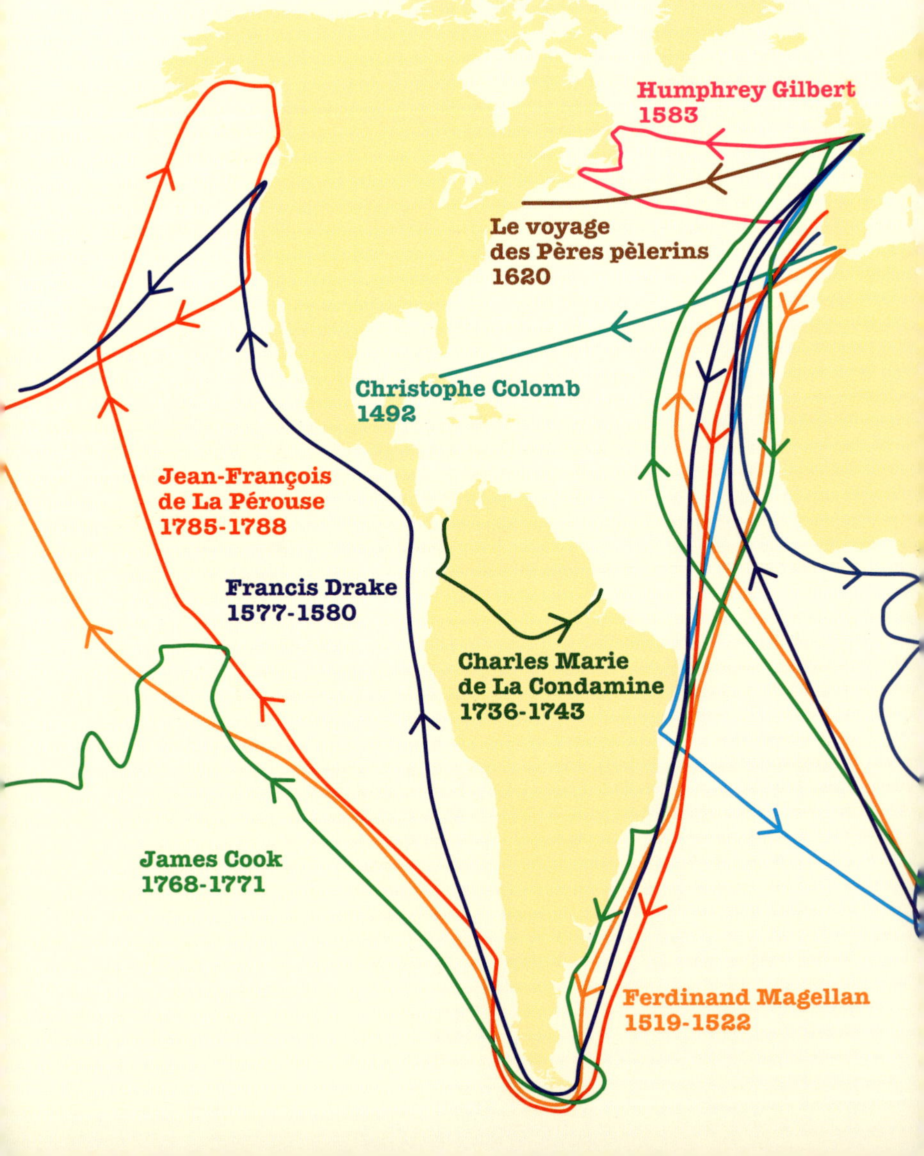

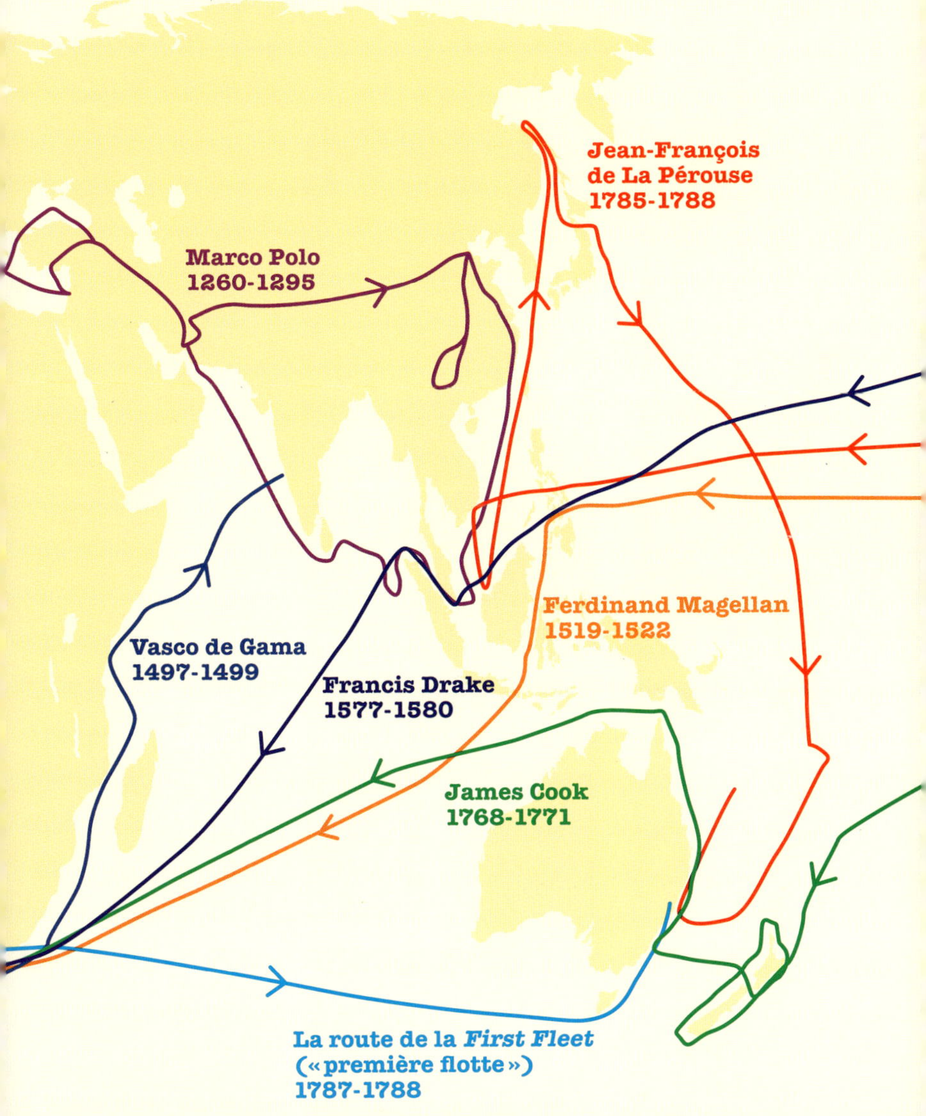
Jean-François
de La Pérouse
1785-1788
Marco Polo
1260-1295
Ferdinand Magellan
1519-1522
Vasco de Gama
1497-1499
Francis Drake
1577-1580
James Cook
1768-1771
La route de la *First Fleet*
(« première flotte »)
1787-1788

# Les nœuds

## Nœud de chaise

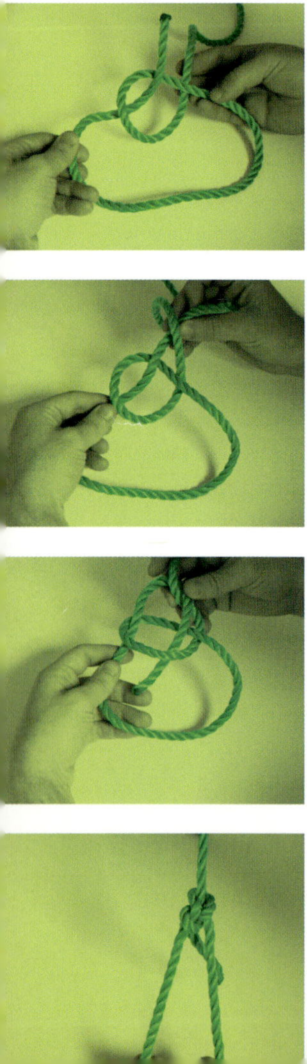

## Nœud de huit

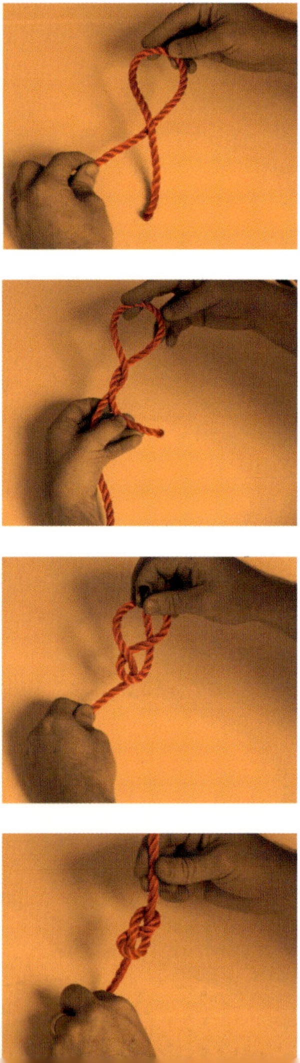

## Nœud d'écoute

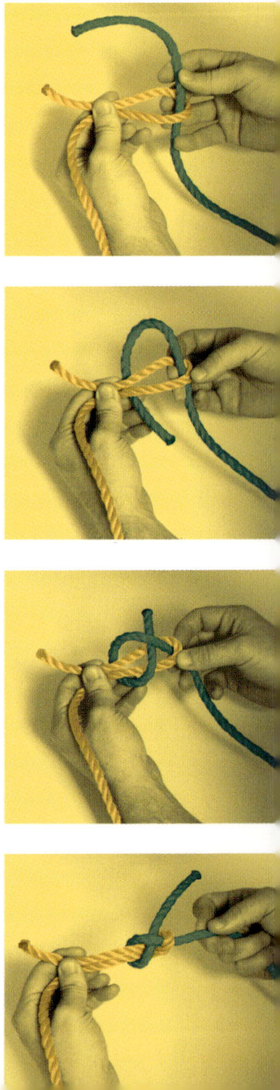

Nœud de carrick

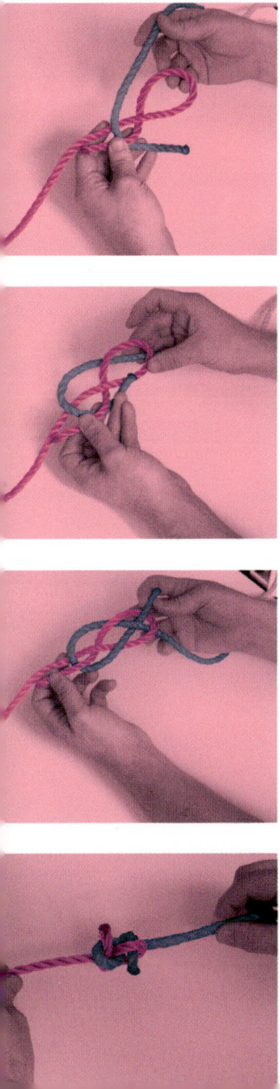

Nœud plat

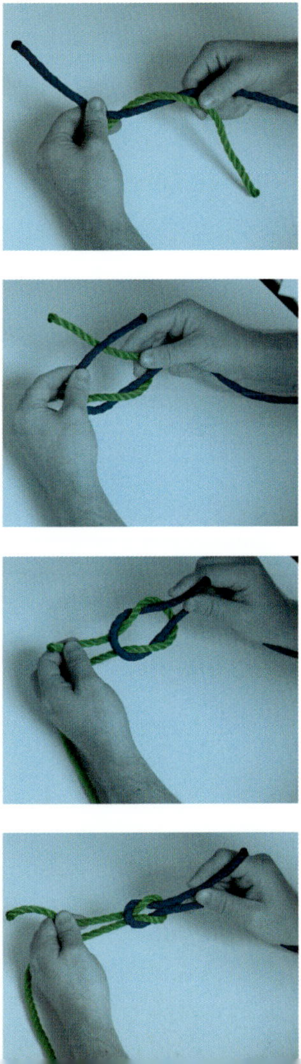

Tour mort et
deux demi-clés

# Les nœuds de cravate

## Nœud simple

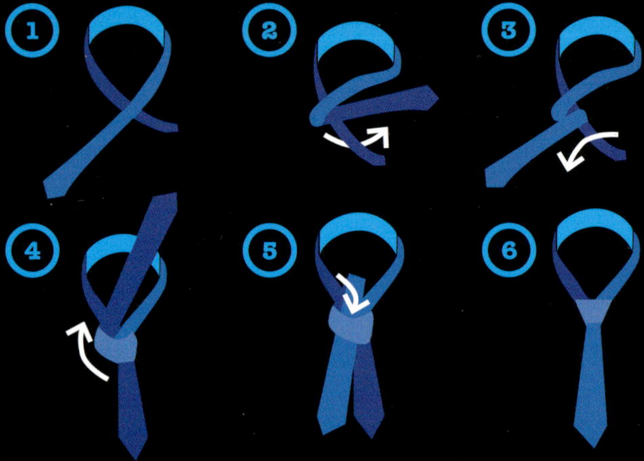


## Nœud Windsor

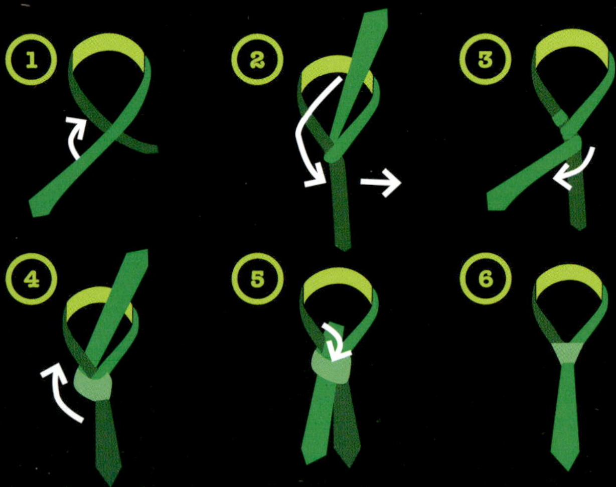

## Nœud demi-Windsor

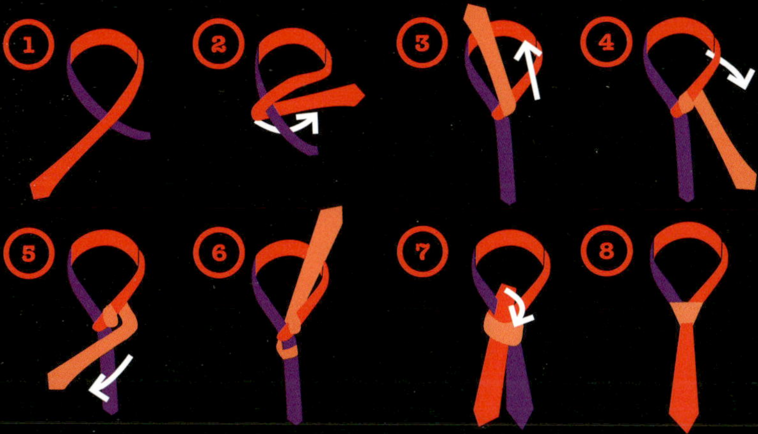


## Nœud papillon

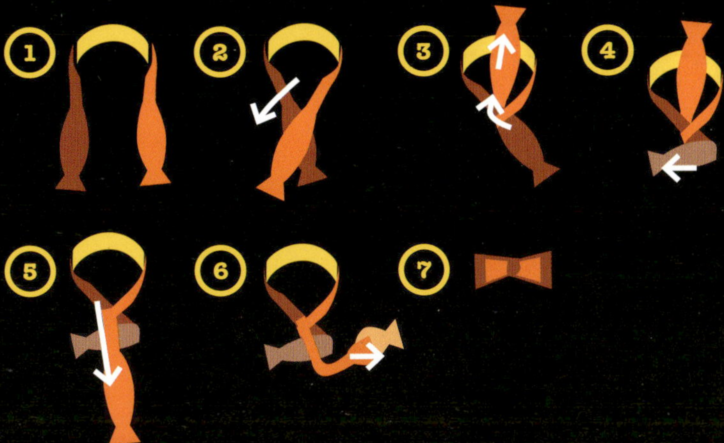

# Le tricot

## Montage des mailles

## Maille à l'endroit

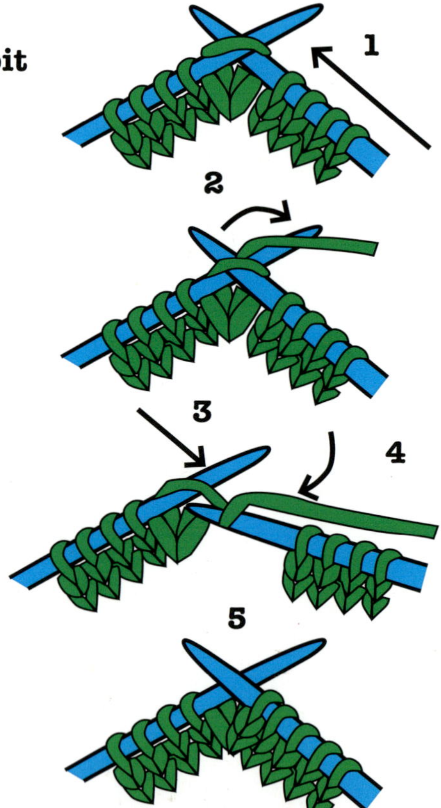

Les baguettes

# Les animaux en ombres chinoises

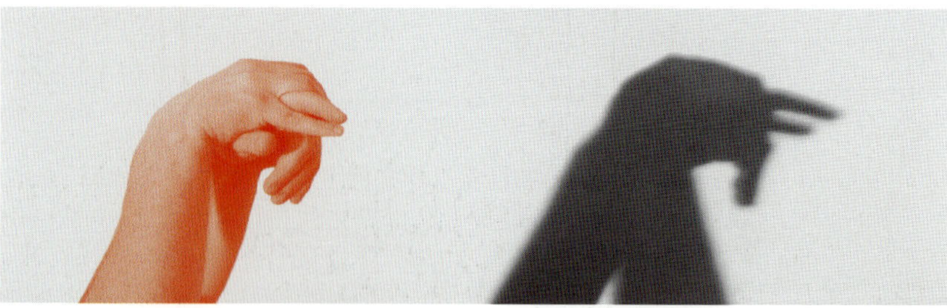

# Miaou

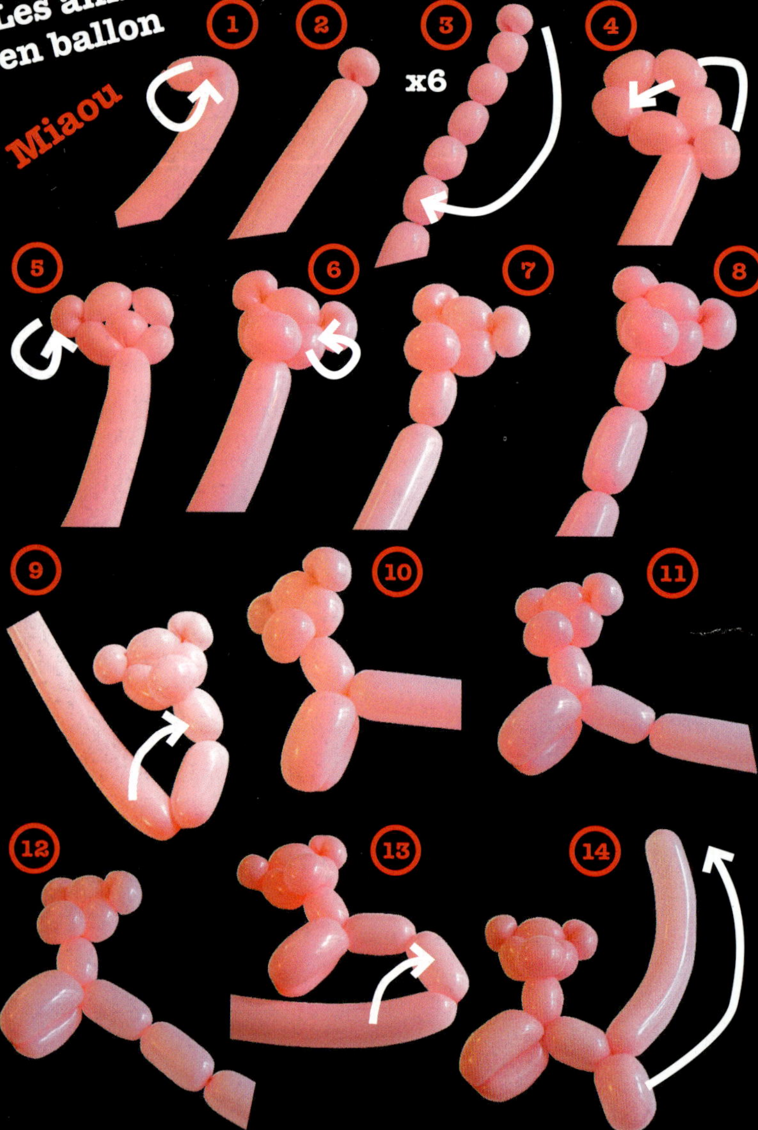

# Ouaf Ouaf

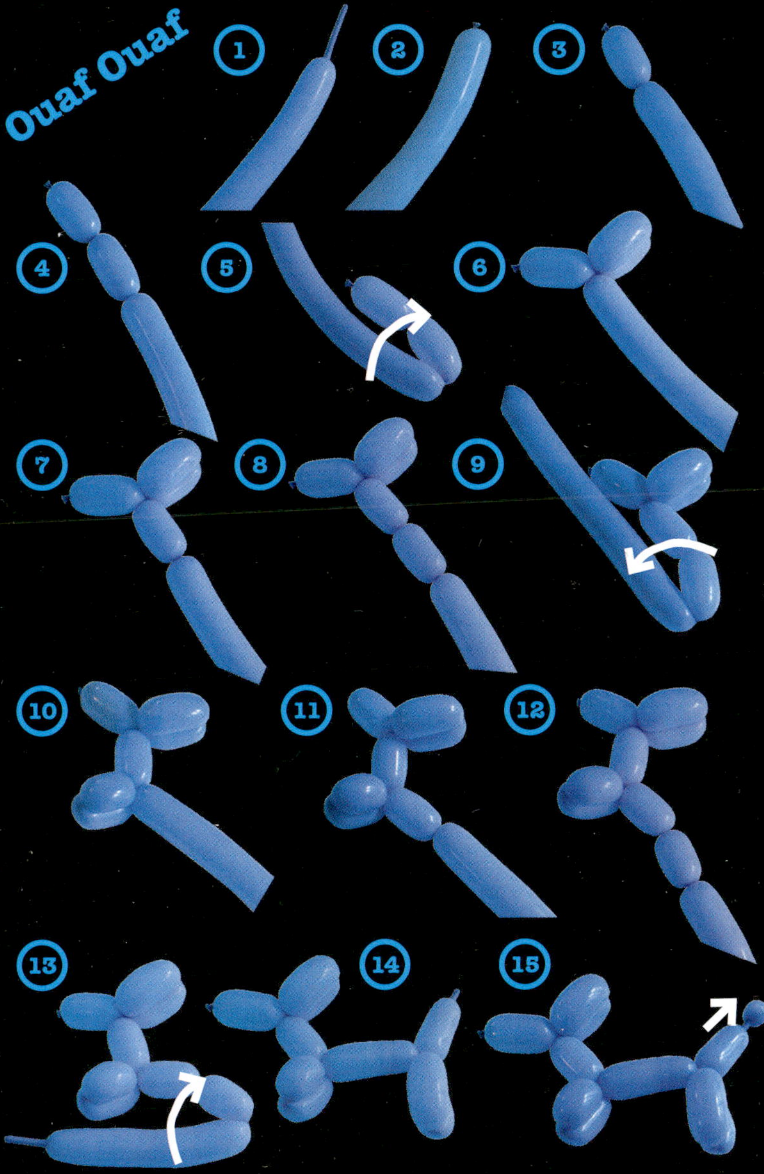

## Les poumons humains

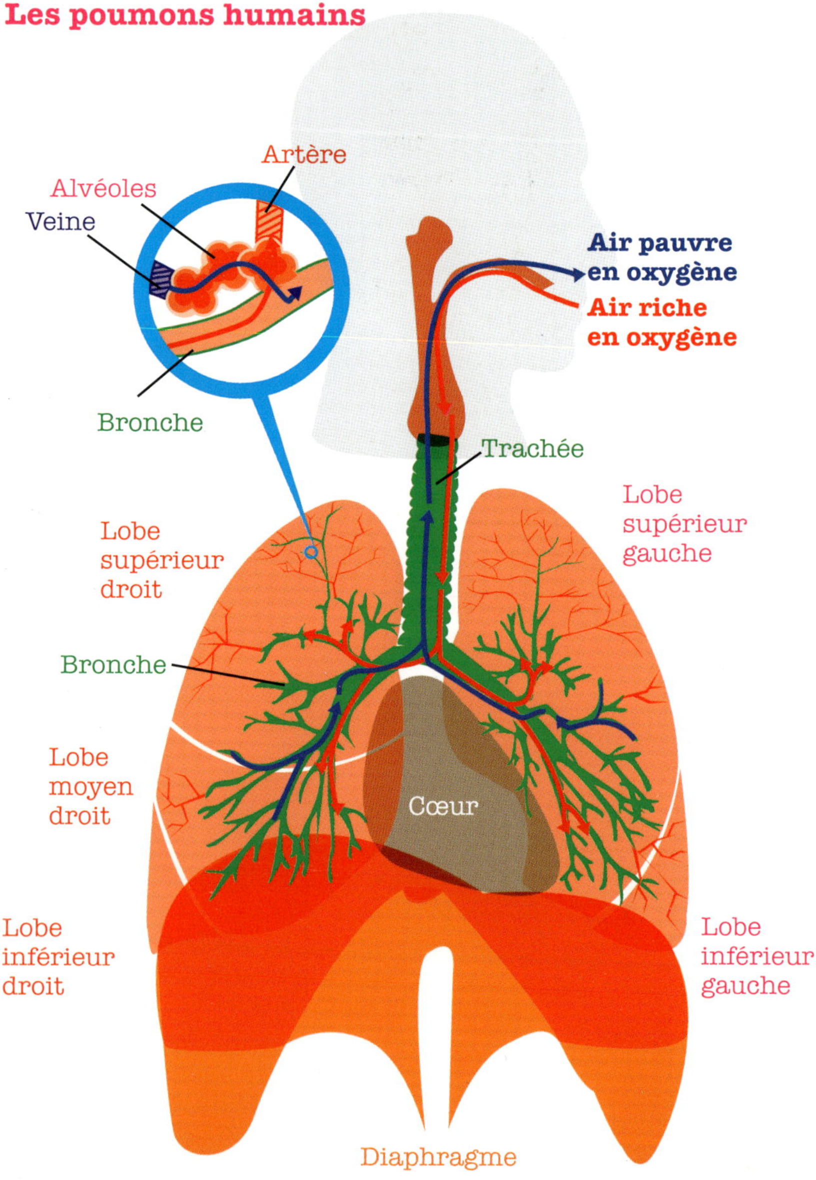

# Le cœur humain

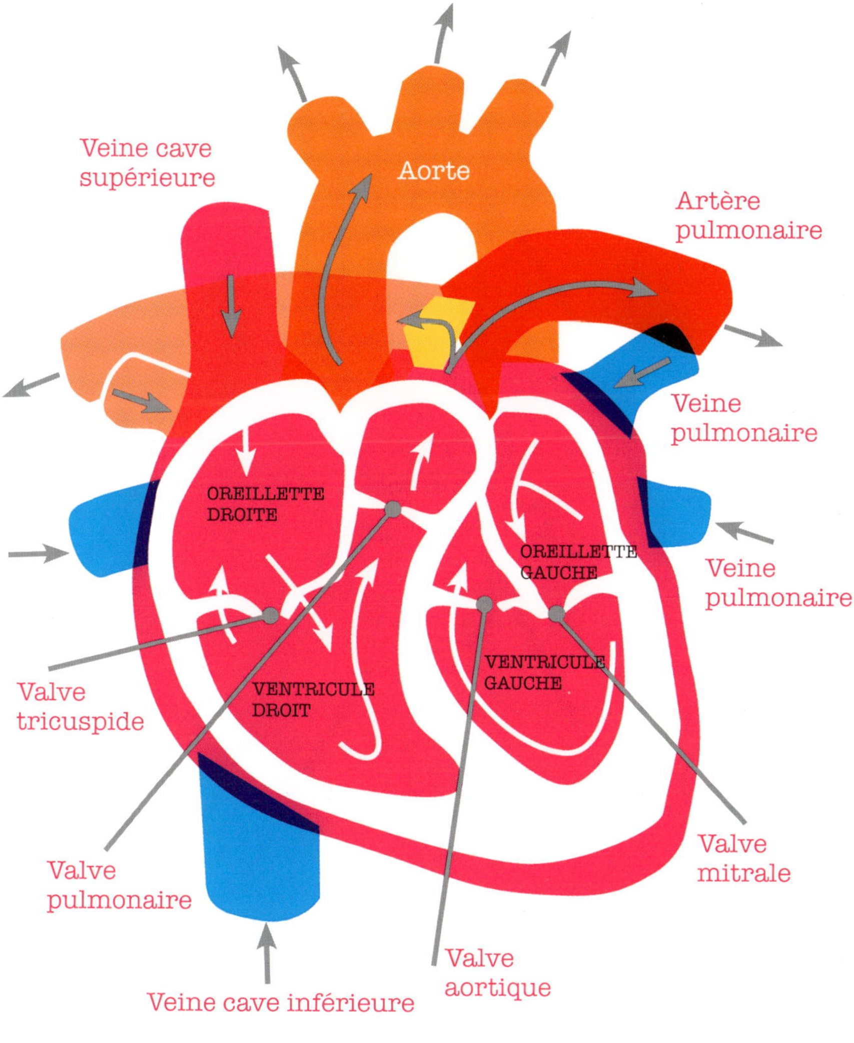

# La circulation sanguine humaine

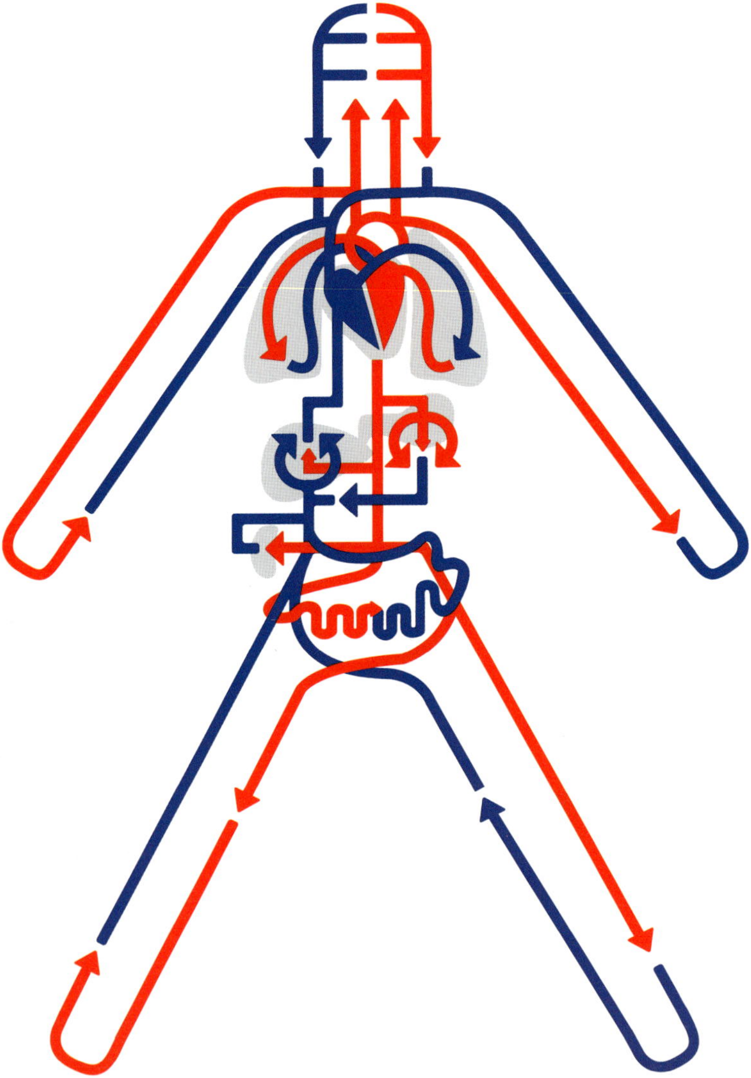

# Les courants océaniques

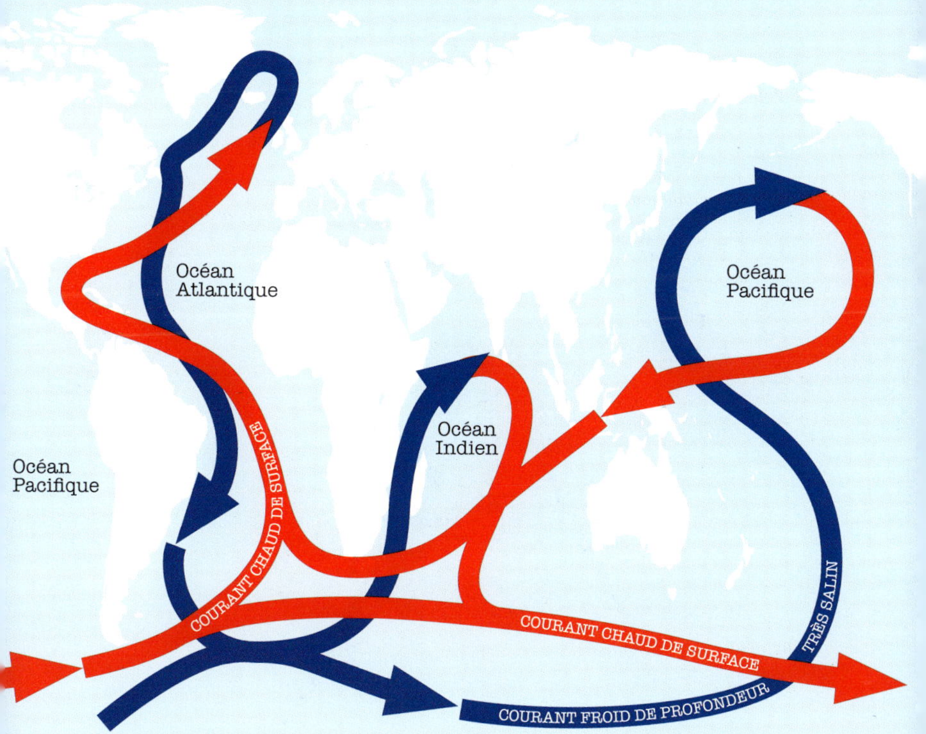

- Mer du Nord
  660 m

- Golfe de Californie
  2 590 m

- Golfe du Mexique
  3 787 m

- Mer Méditerranée
  5 121 m

- Océan Arctique
  5 220 m

- Mer des Caraïbes
  6 946 m

- Océan Austral
  7 235 m

La prof

- Océan Atlantique
  9 219 m

des o

- Océan Pacifique
  11 034 m

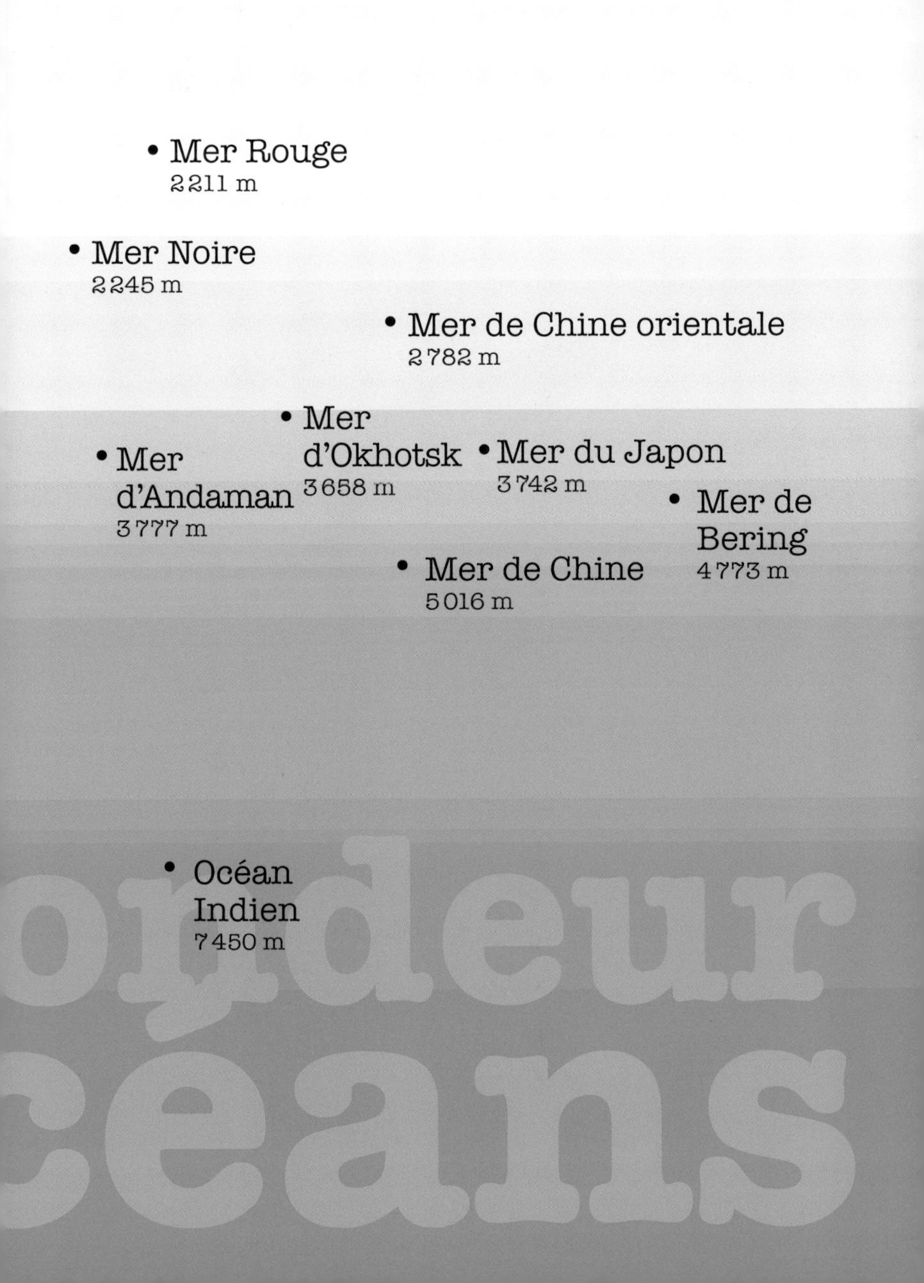

• Mer Rouge
2 211 m
• Mer Noire
2 245 m
• Mer de Chine orientale
2 782 m
• Mer d'Okhotsk
3 658 m
• Mer d'Andaman
3 777 m
• Mer du Japon
3 742 m
• Mer de Bering
4 773 m
• Mer de Chine
5 016 m
• Océan Indien
7 450 m
ondeur
céans

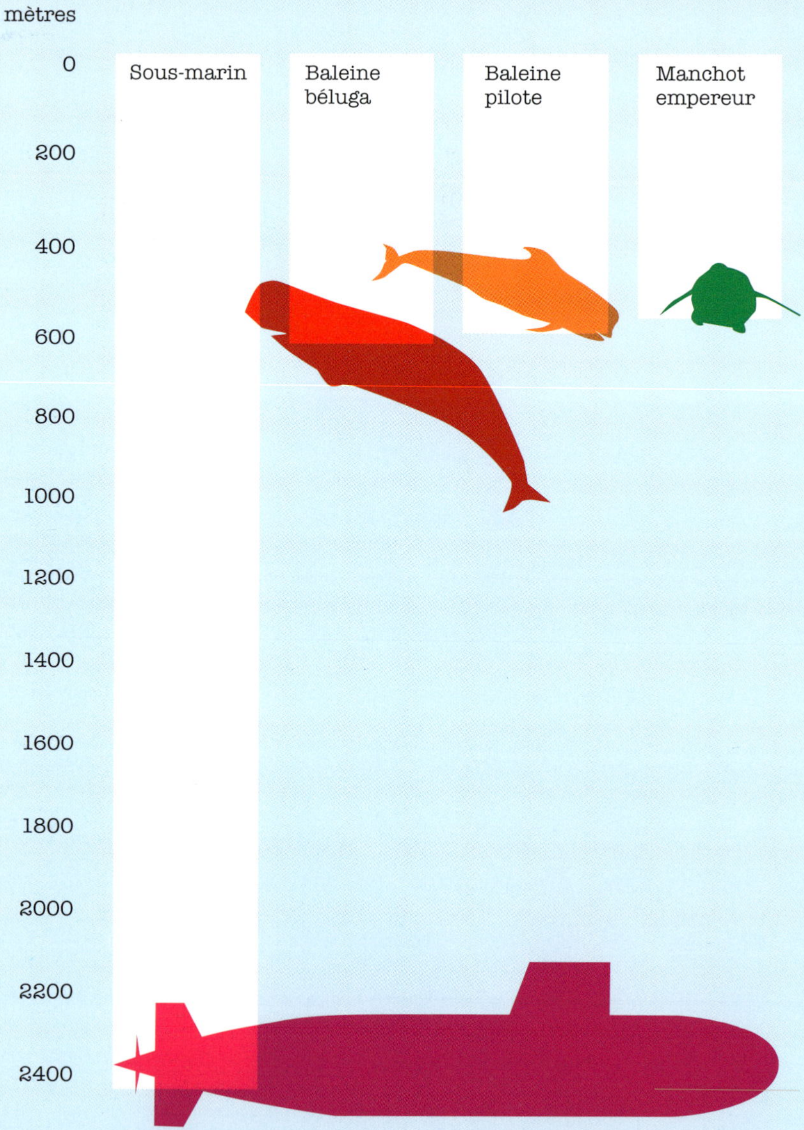
mètres
0
200
400
600
800
1000
1200
1400
1600
1800
2000
2200
2400
Sous-marin
Baleine béluga
Baleine pilote
Manchot empereur

# Les profondeurs de plongée

## Le sous-marin

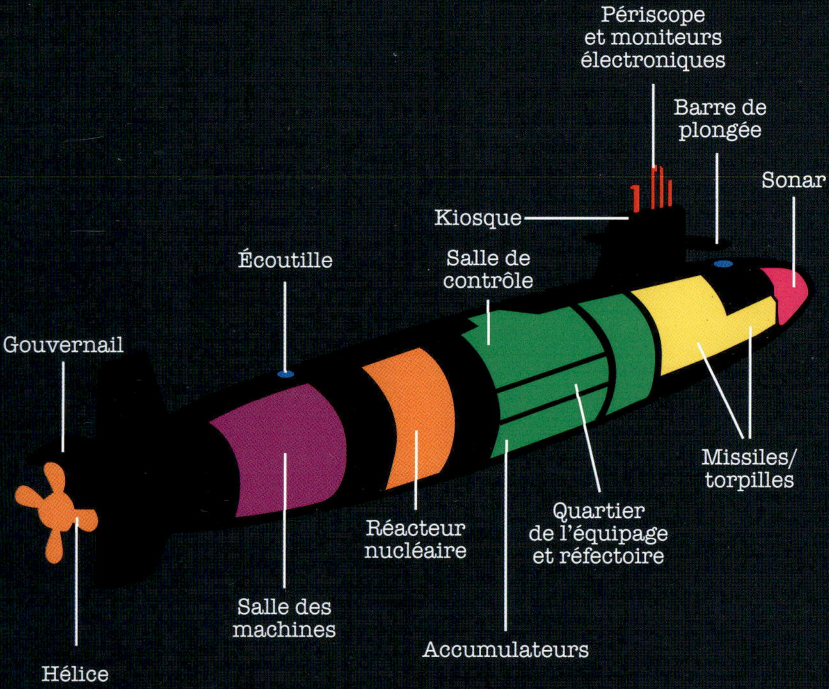

## La baleine bleue

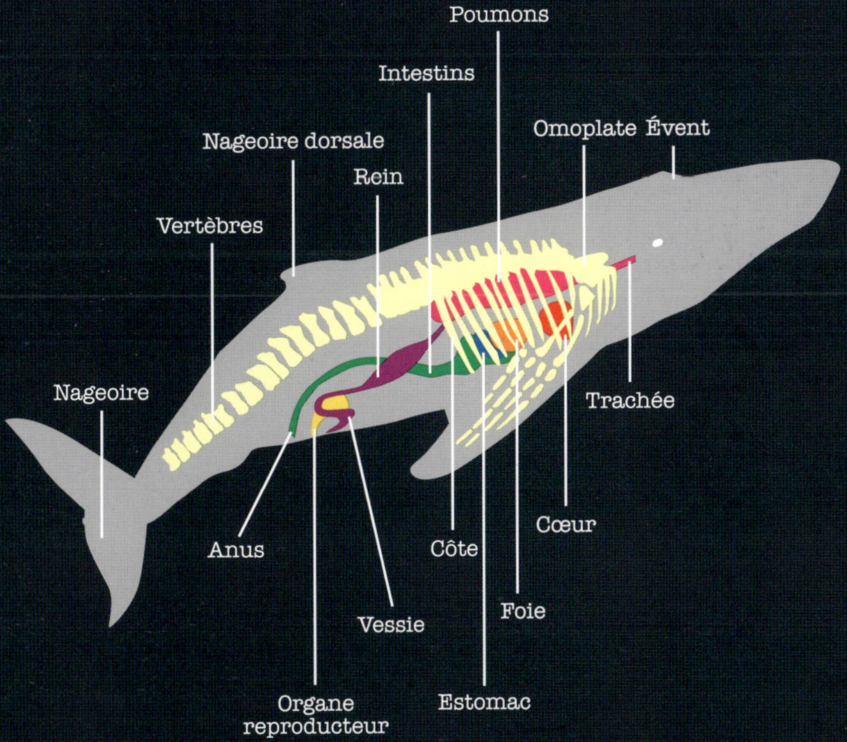

# La respiration chez le poisson

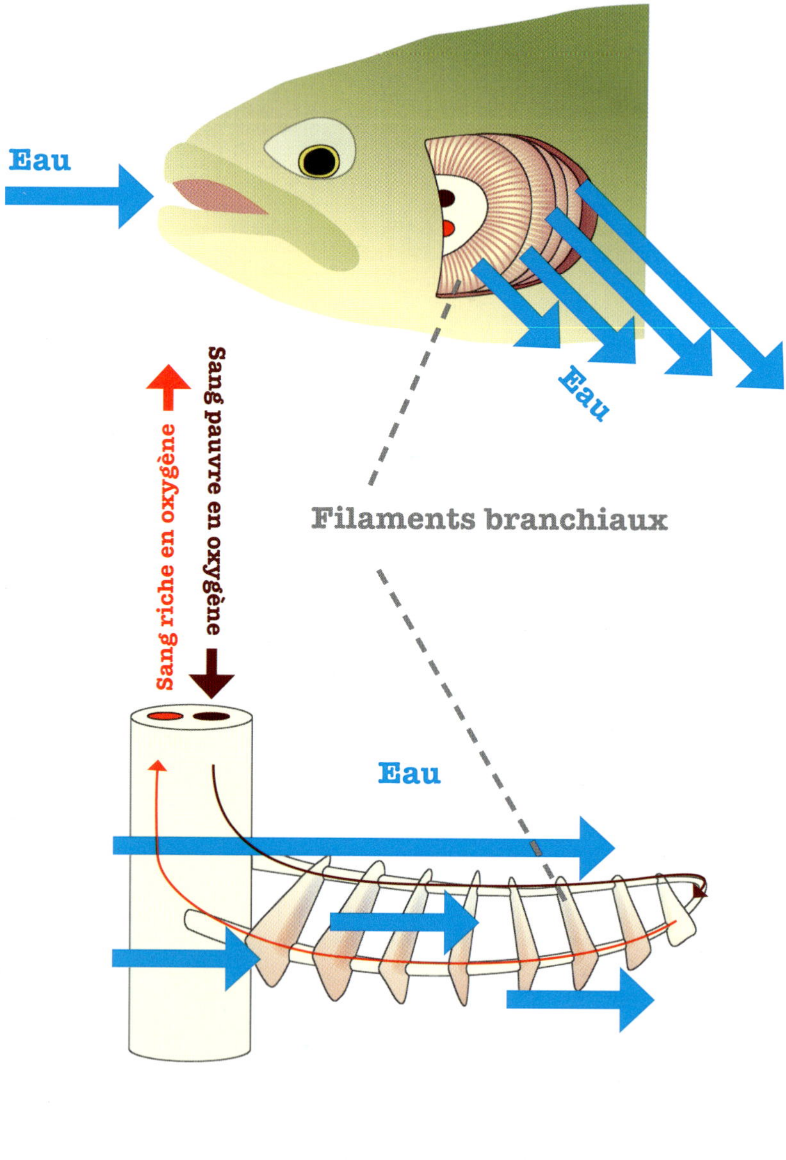

## Le crawl

# Le snowboard

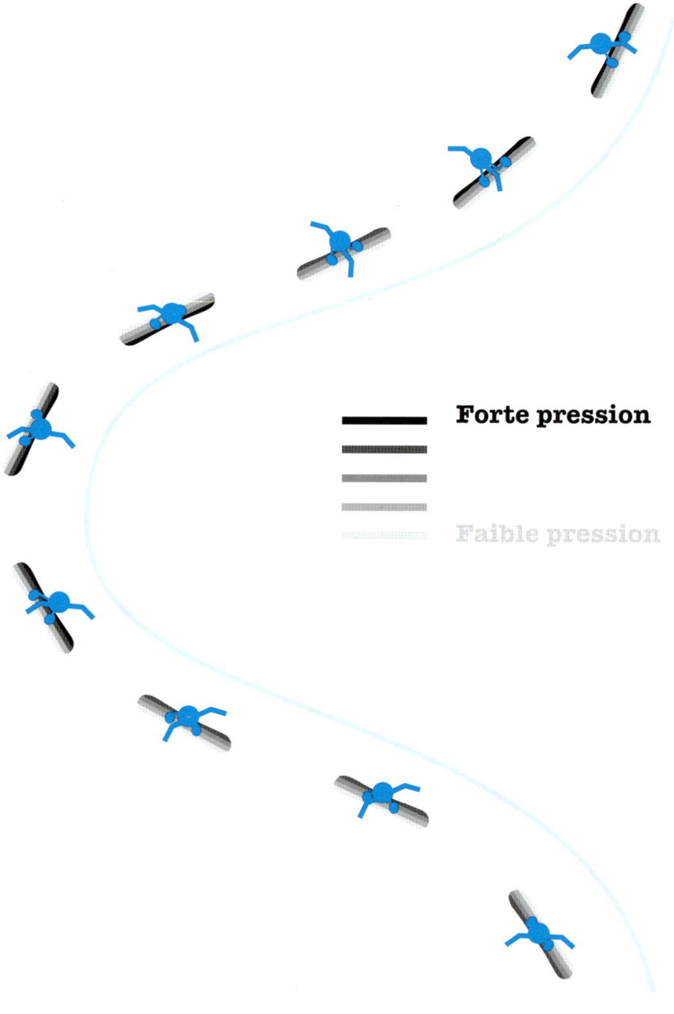

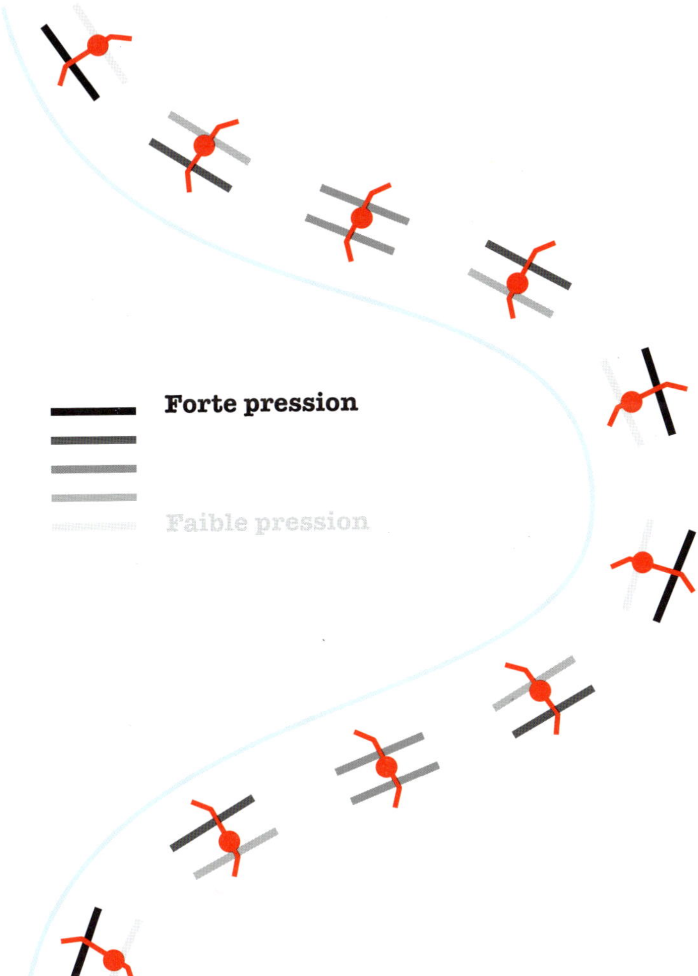
Forte pression
Faible pression

# … athlon

Décathlon
Heptathlon
Pentathlon
Triathlon
Duathlon
Aquathlon
Biathlon
100 m
400 m
1 500 m
100 m
800 m
200 m
3 km

# Les techniques de prise

## Golf

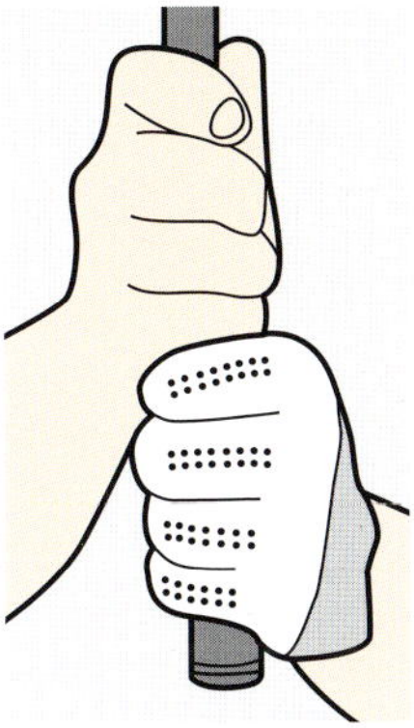

Grip base-ball

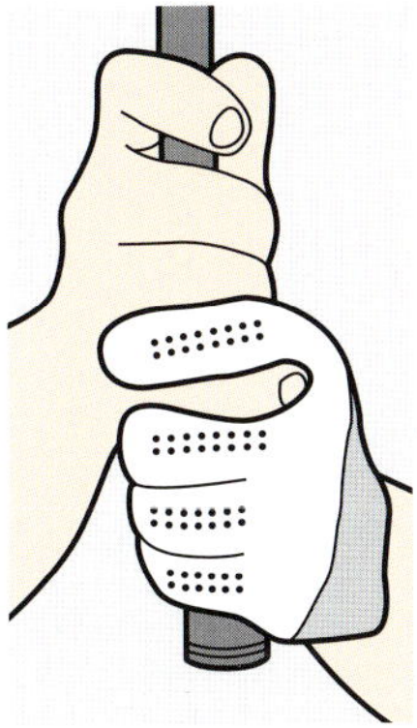

Grip entrecroisé

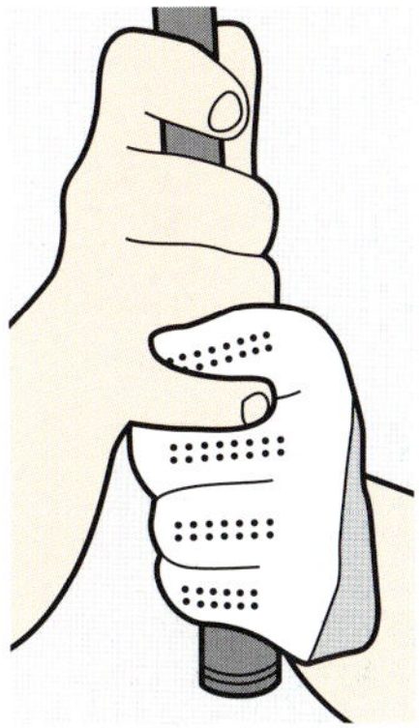

Grip Vardon

## Tennis

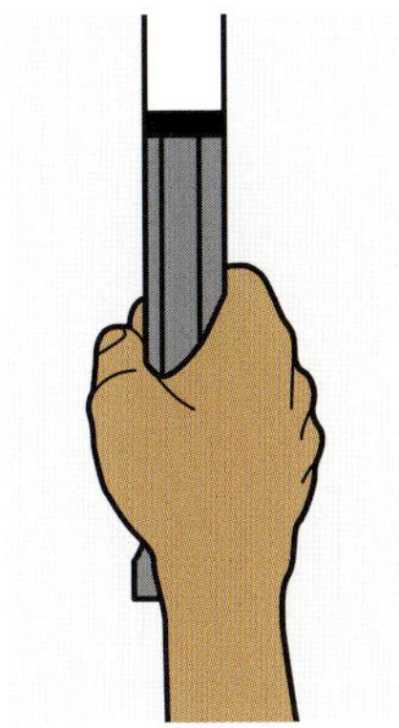

Prise
continentale

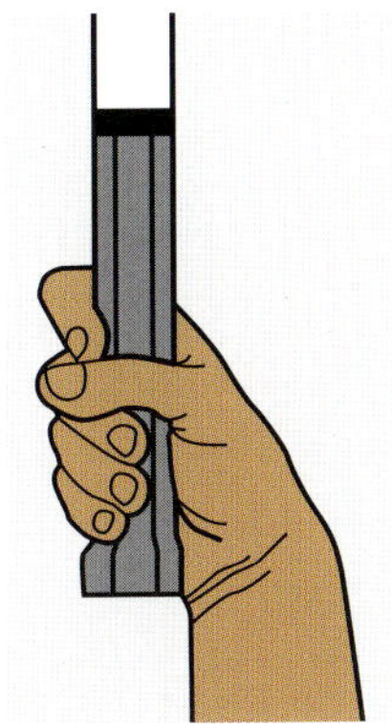

Prise
Western

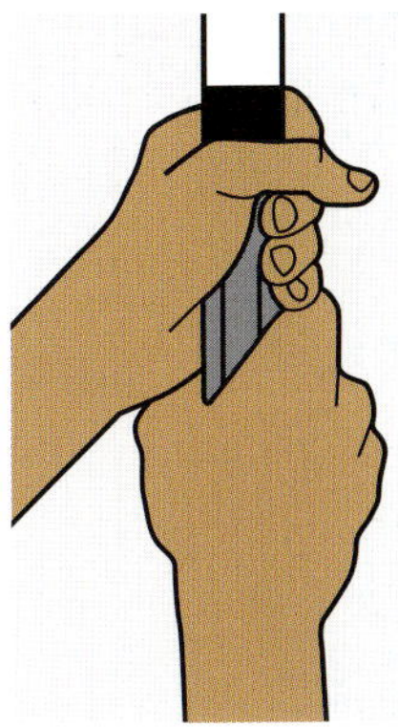

Revers
à deux mains

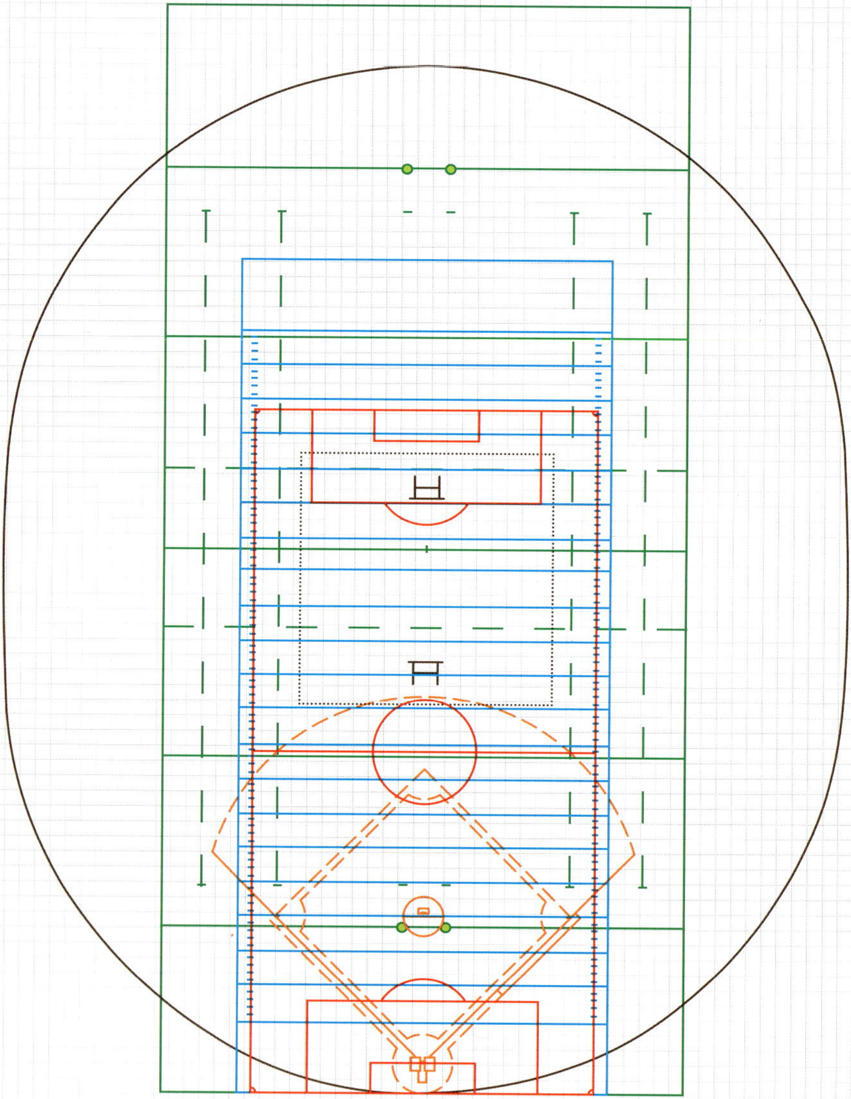

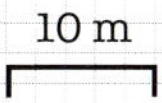


## Les terrains de sport

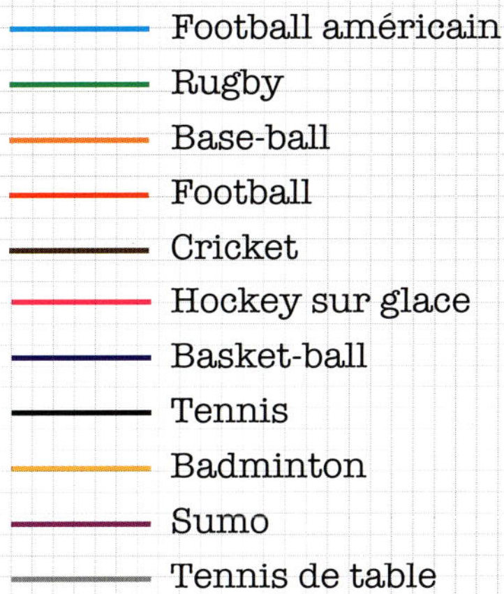


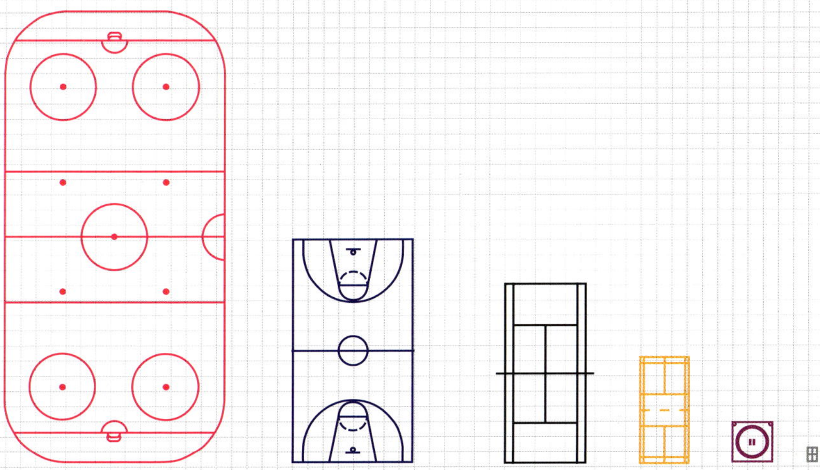

# Les balles et les ballons

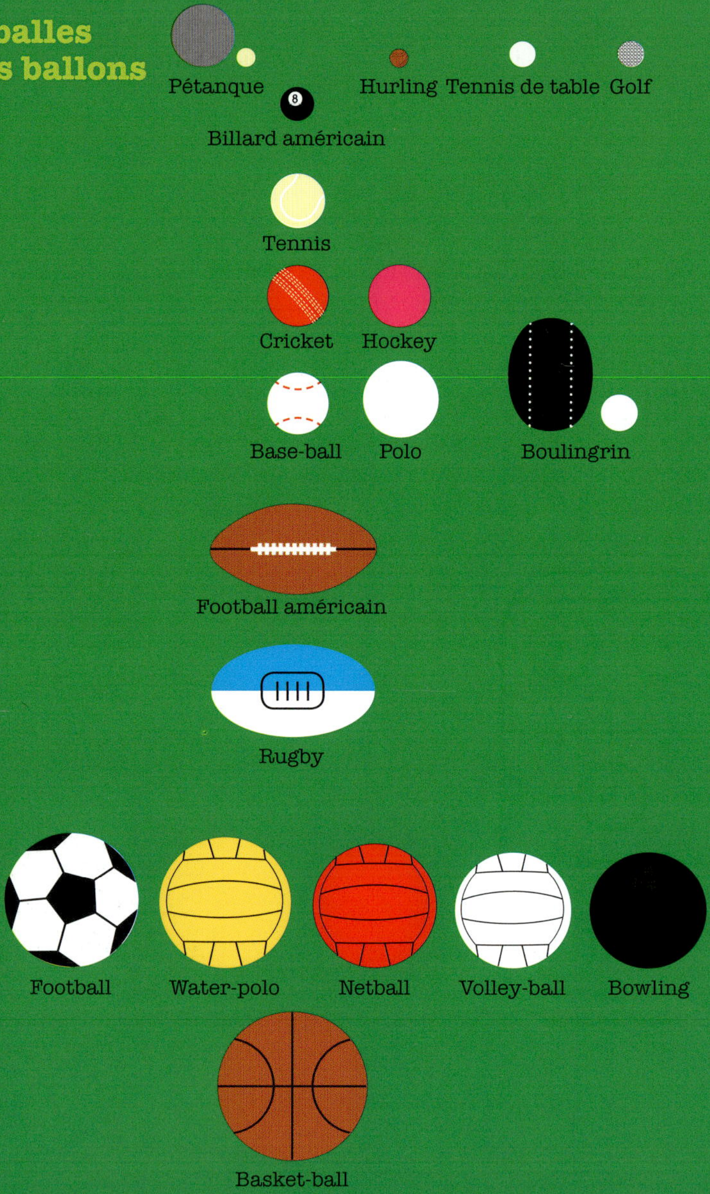

# Les planètes

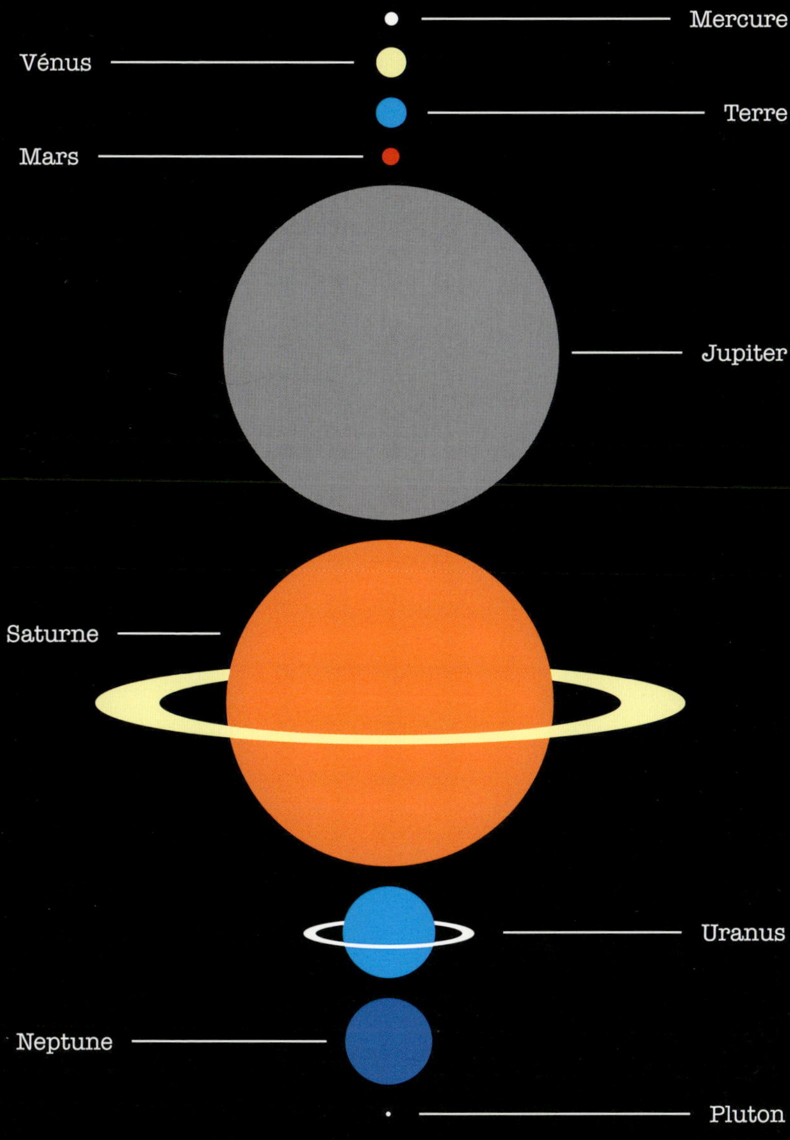

## Les constellations

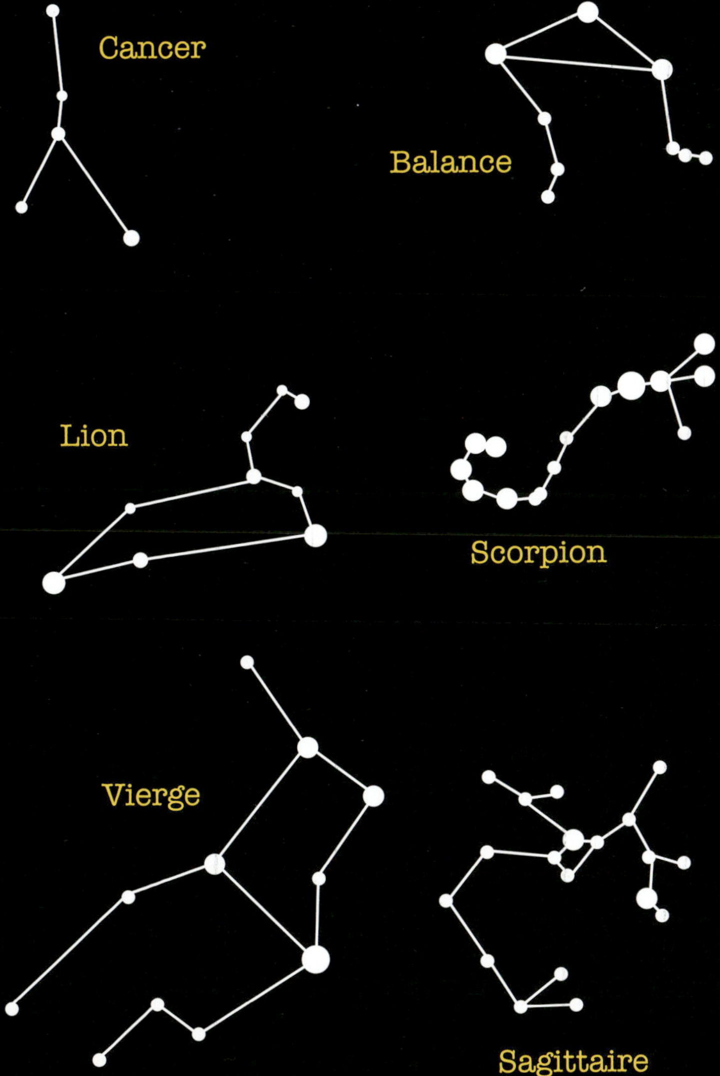
Cancer
Balance
Lion
Scorpion
Vierge
Sagittaire

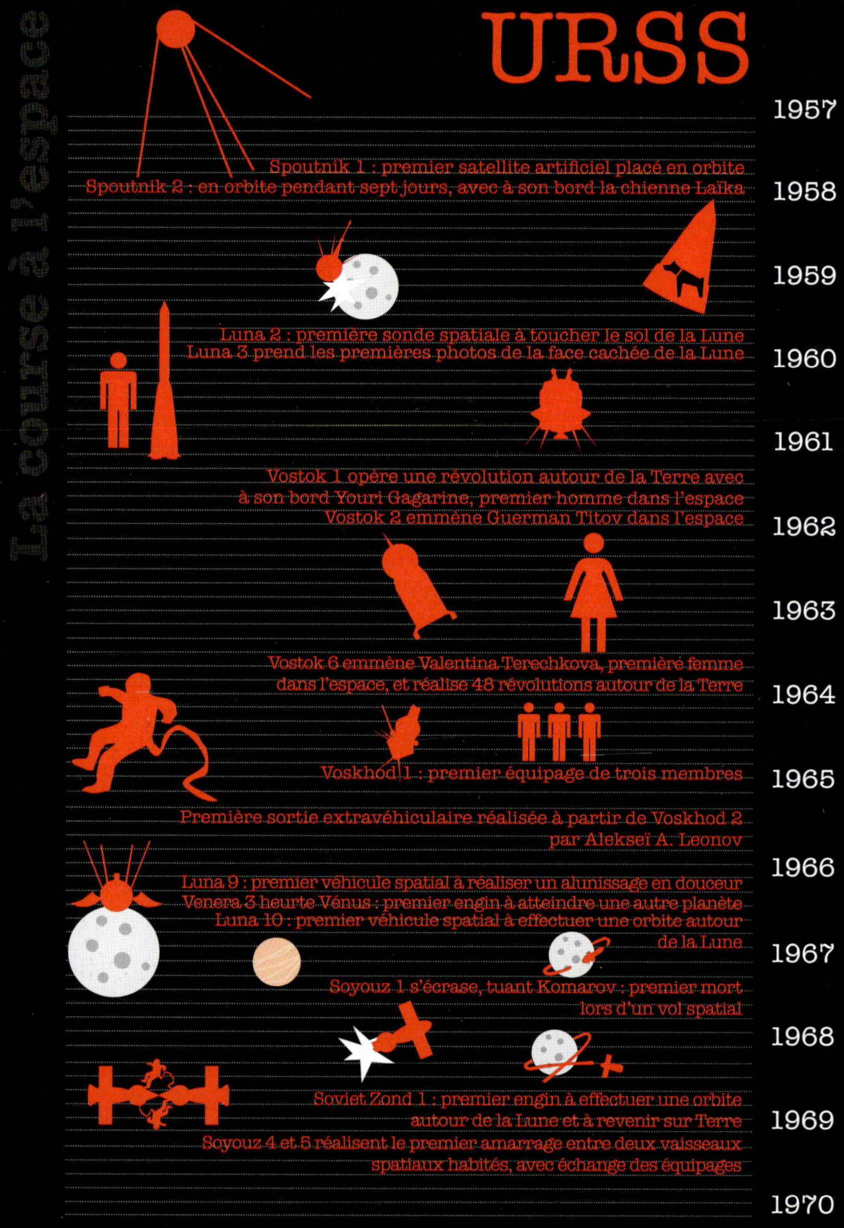
La course à l'espace
URSS
1957
Spoutnik 1 : premier satellite artificiel placé en orbite
Spoutnik 2 : en orbite pendant sept jours, avec à son bord la chienne Laïka
1958
1959
Luna 2 : première sonde spatiale à toucher le sol de la Lune
Luna 3 prend les premières photos de la face cachée de la Lune
1960
1961
Vostok 1 opère une révolution autour de la Terre avec
à son bord Youri Gagarine, premier homme dans l'espace
Vostok 2 emmène Guerman Titov dans l'espace
1962
1963
Vostok 6 emmène Valentina Terechkova, première femme
dans l'espace, et réalise 48 révolutions autour de la Terre
1964
Voskhod 1 : premier équipage de trois membres
1965
Première sortie extravéhiculaire réalisée à partir de Voskhod 2
par Alekseï A. Leonov
1966
Luna 9 : premier véhicule spatial à réaliser un alunissage en douceur
Venera 3 heurte Vénus : premier engin à atteindre une autre planète
Luna 10 : premier véhicule spatial à effectuer une orbite autour
de la Lune
1967
Soyouz 1 s'écrase, tuant Komarov : premier mort
lors d'un vol spatial
1968
Soviet Zond 1 : premier engin à effectuer une orbite
autour de la Lune et à revenir sur Terre
1969
Soyouz 4 et 5 réalisent le premier amarrage entre deux vaisseaux
spatiaux habités, avec échange des équipages
1970

# USA

1957

1958

Explorer 1 : premier satellite américain mis en orbite

Création de la NASA

1959

1960

Lancement couronné de succès de Tiros 1, premier satellite météorologique

Discoverer XIV lance le premier satellite espion équipé d'un appareil photo

1961

Mercury-Redstone 3 emmène Alan B. Shepard Jr dans l'espace

1962

Mercury Friendship 7 : orbite autour de la terre avec à son bord John H. Glenn Jr

Le satellite Telstar 1 transmet la première communication transatlantique en temps réel

1963

1964

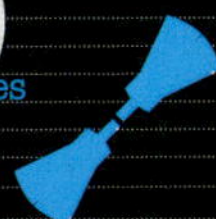

La sonde américaine Ranger 7 prend les premières photographies de la Lune de près

1965

Edward White II : premier Américain à réaliser une sortie extravéhiculaire

La sonde américaine Mariner 4 renvoie les premières images de Mars de près

1966

Gemini 6 et Gemini 7 effectuent le premier rendez-vous en orbite

Surveyor 1 : premier engin américain à alunir en douceur

Lunar Orbiter 1 réalise les premières photographies de la Terre prises de la Lune

1967

1968

Apollo 8 transporte les premiers hommes qui réaliseront une orbite autour de la Lune : Franck Borman, James Lovell, William Anders

1969

Apollo 11 transporte les premiers hommes qui marcheront sur la Lune : Neil Armstrong et Buzz Aldrin; Michael Collins reste dans le module de commande.

1970

# Les vaisseaux spatiaux

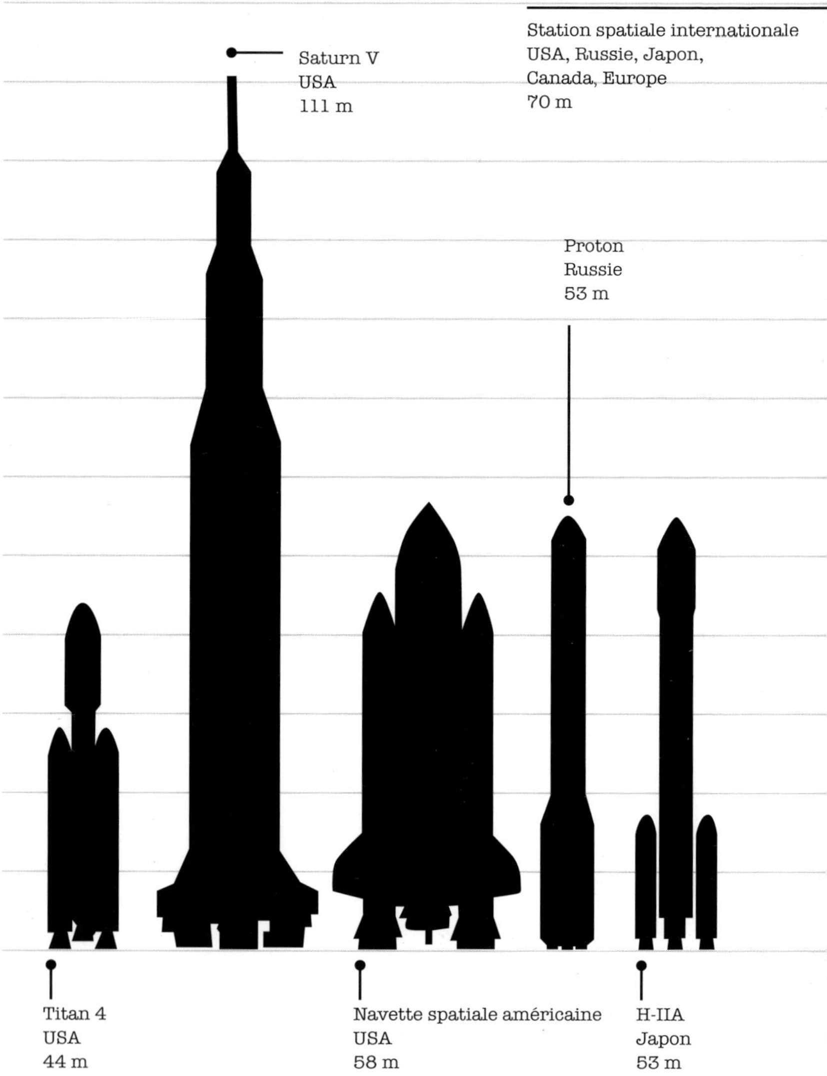

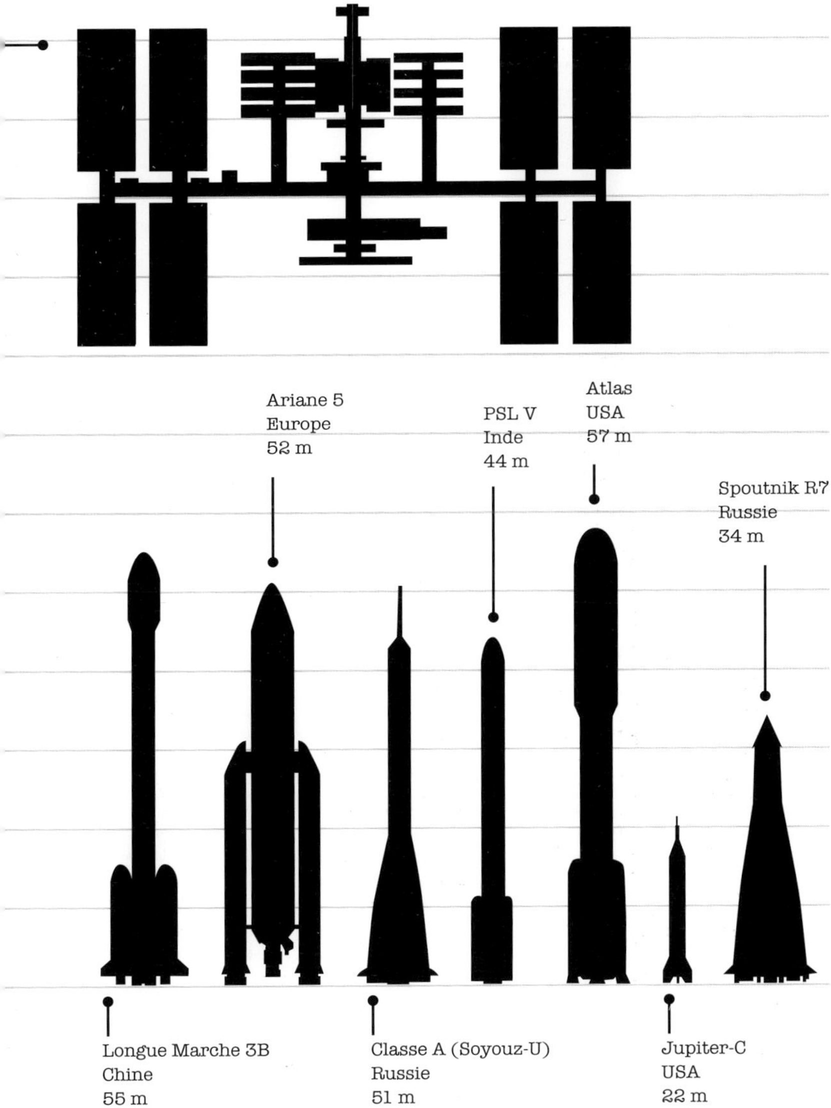
Ariane 5
Europe
52 m
PSL V
Inde
44 m
Atlas
USA
57 m
Spoutnik R7
Russie
34 m
Longue Marche 3B
Chine
55 m
Classe A (Soyouz-U)
Russie
51 m
Jupiter-C
USA
22 m

# Les vaisseaux spatiaux au cinéma

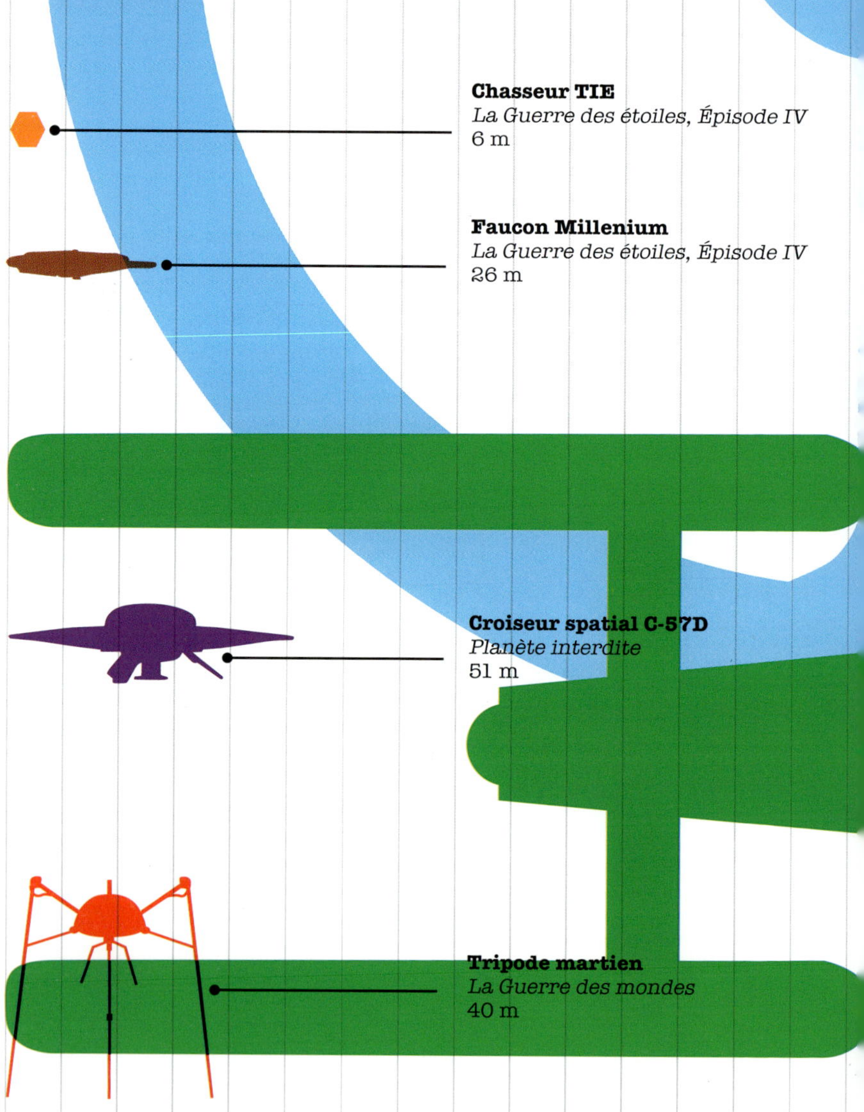

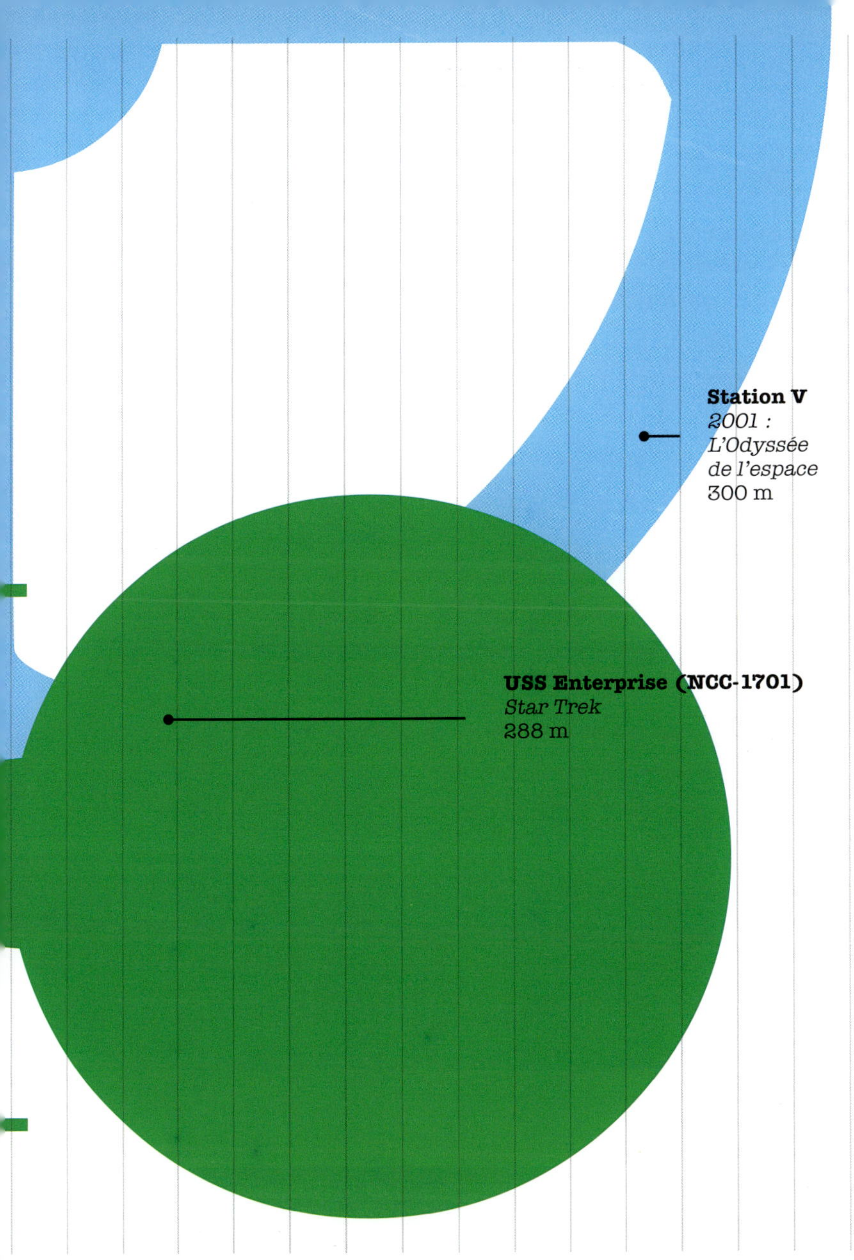
**Station V**
*2001 : L'Odyssée de l'espace*
300 m
**USS Enterprise (NCC-1701)**
*Star Trek*
288 m

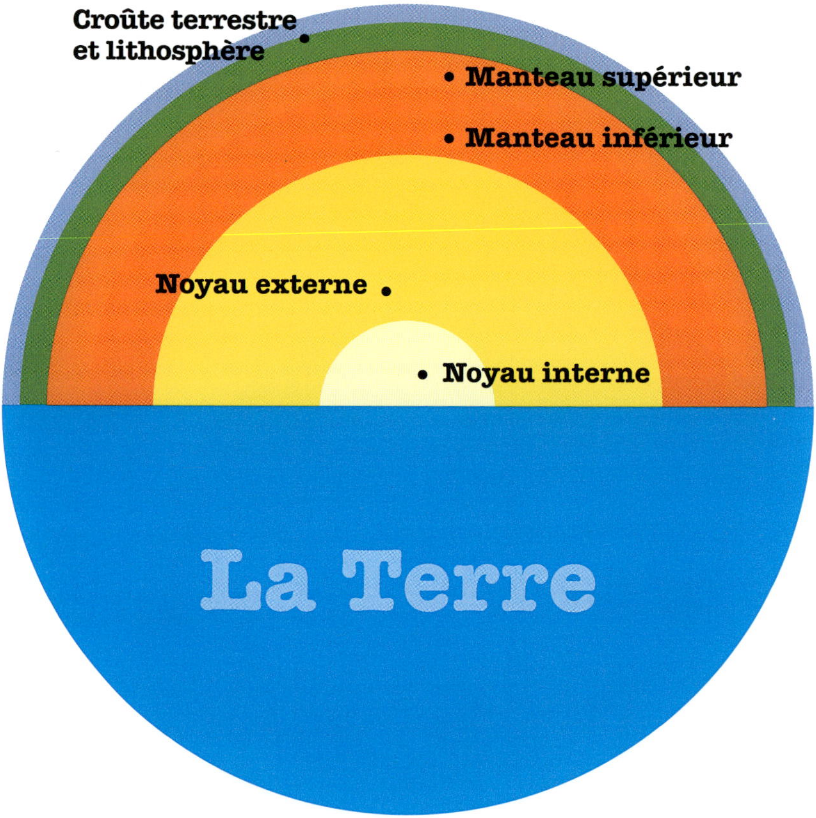
Croûte terrestre
et lithosphère
Manteau supérieur
Manteau inférieur
Noyau externe
Noyau interne
La Terre

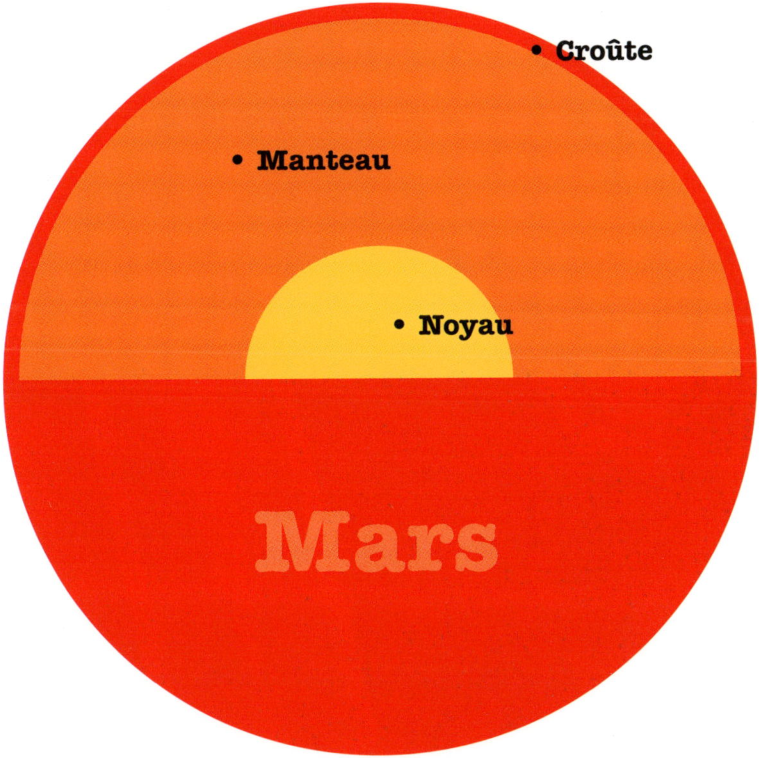
• Croûte
• Manteau
• Noyau
Mars

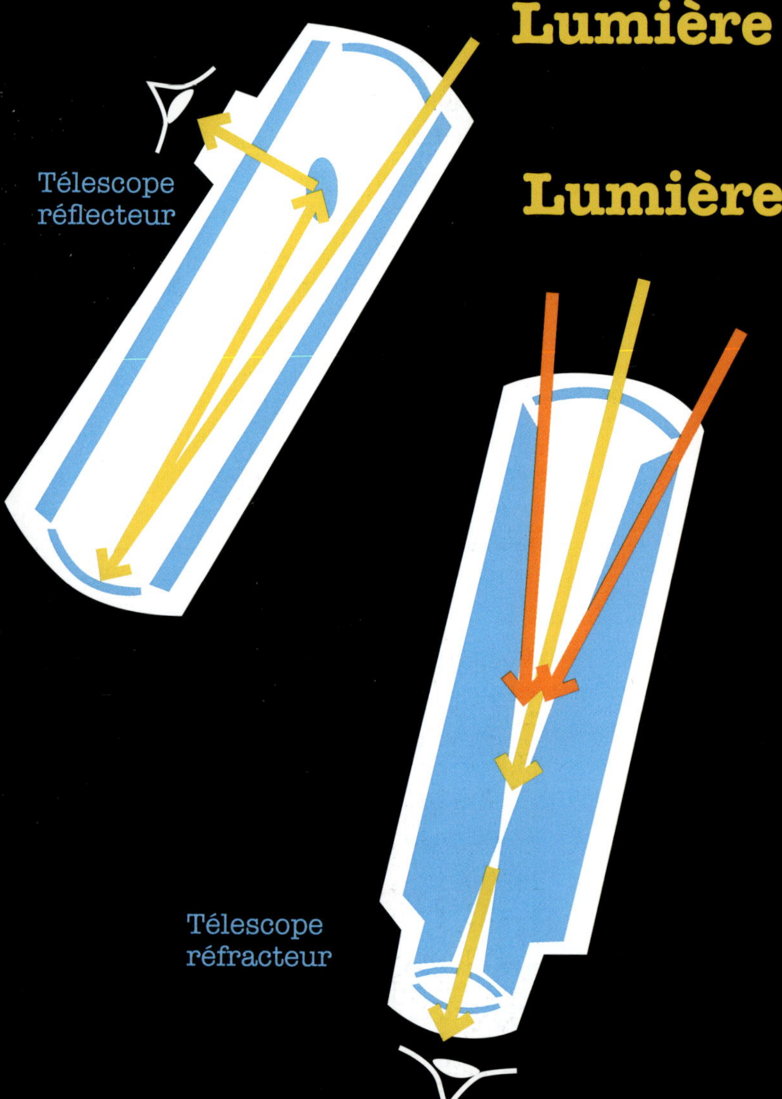
Lumière
Télescope
réflecteur
Lumière
Télescope
réfracteur

# L'appareil photo

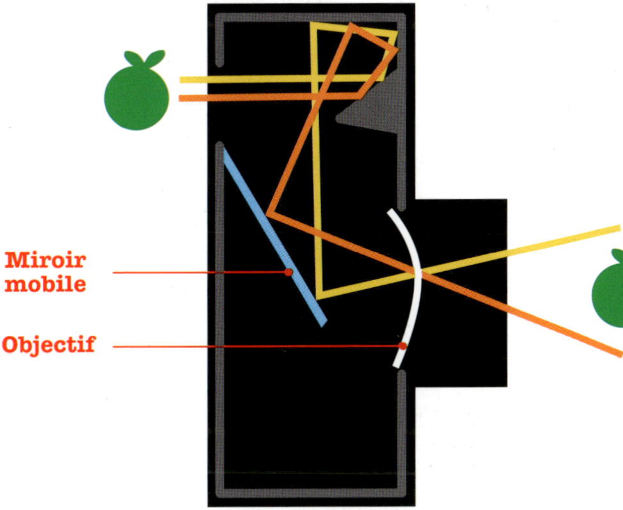


Clic

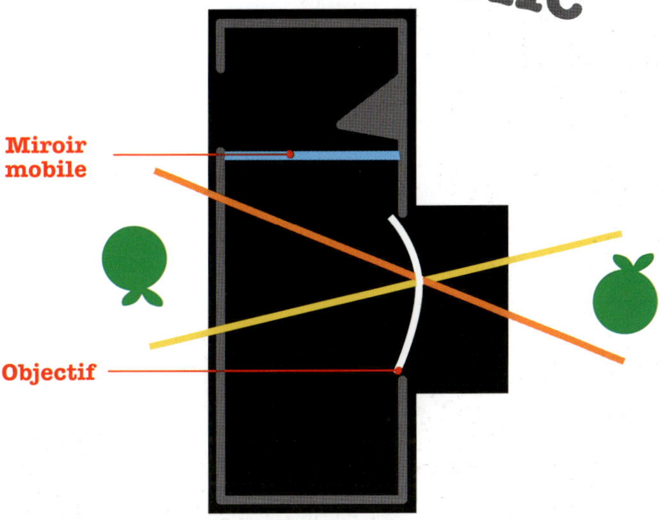

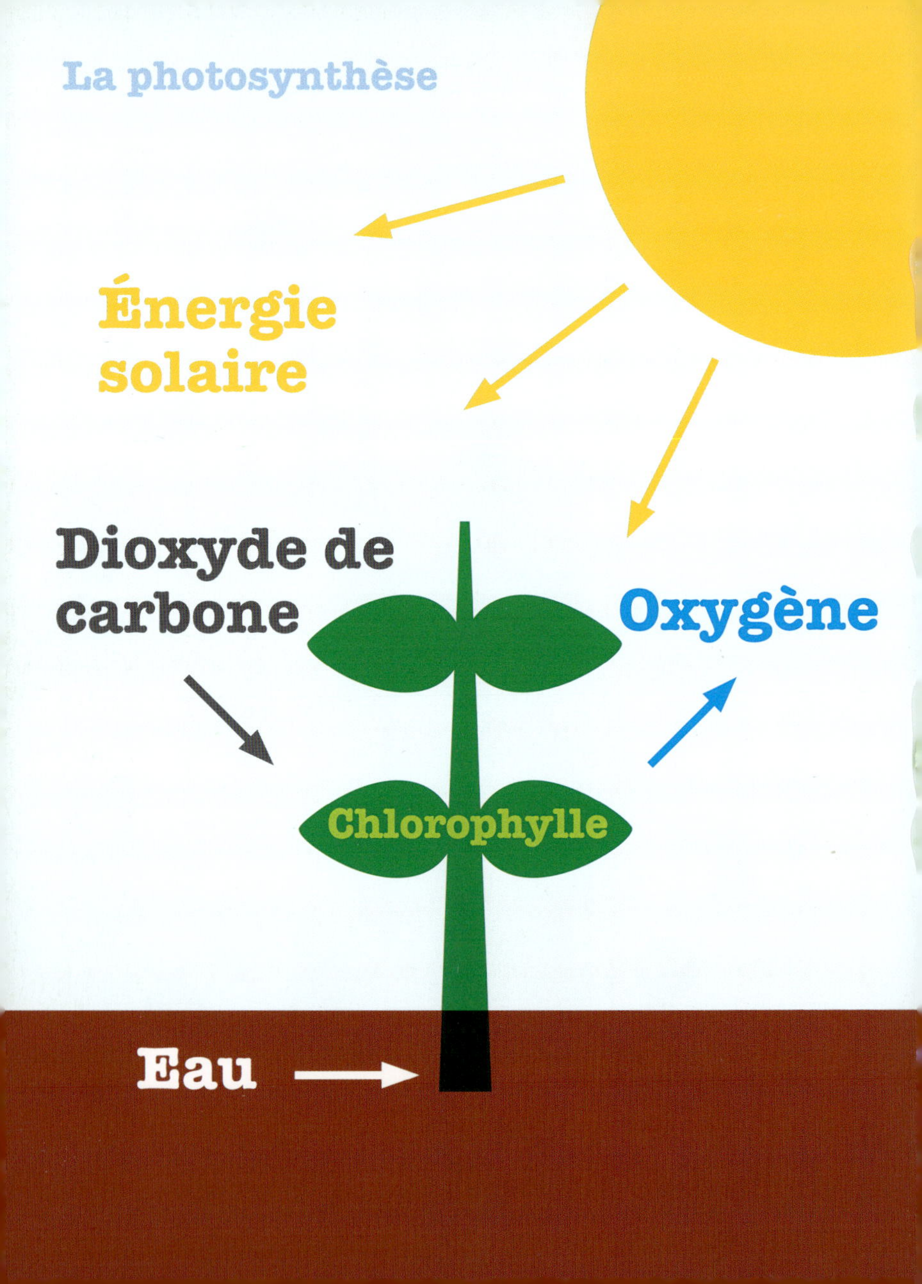
La photosynthèse
Énergie solaire
Dioxyde de carbone
Oxygène
Chlorophylle
Eau

# Les feuilles

Séquoia
à feuilles d'if
115 m
Séquoia géant
85 m
Hêtre
40 m
Sapin
de Noël
3 m
Chêne
31 m

# La taille des arbres

# Les assemblages en menuiserie

Assemblage
à mi-bois
d'équerre

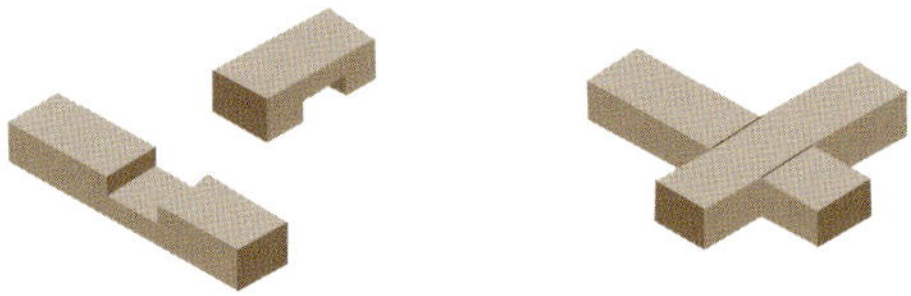

Assemblage
à mi-bois
en T

Assemblage
à feuillure

Assemblage
à mi-bois
en bout

Assemblage
à mi-bois

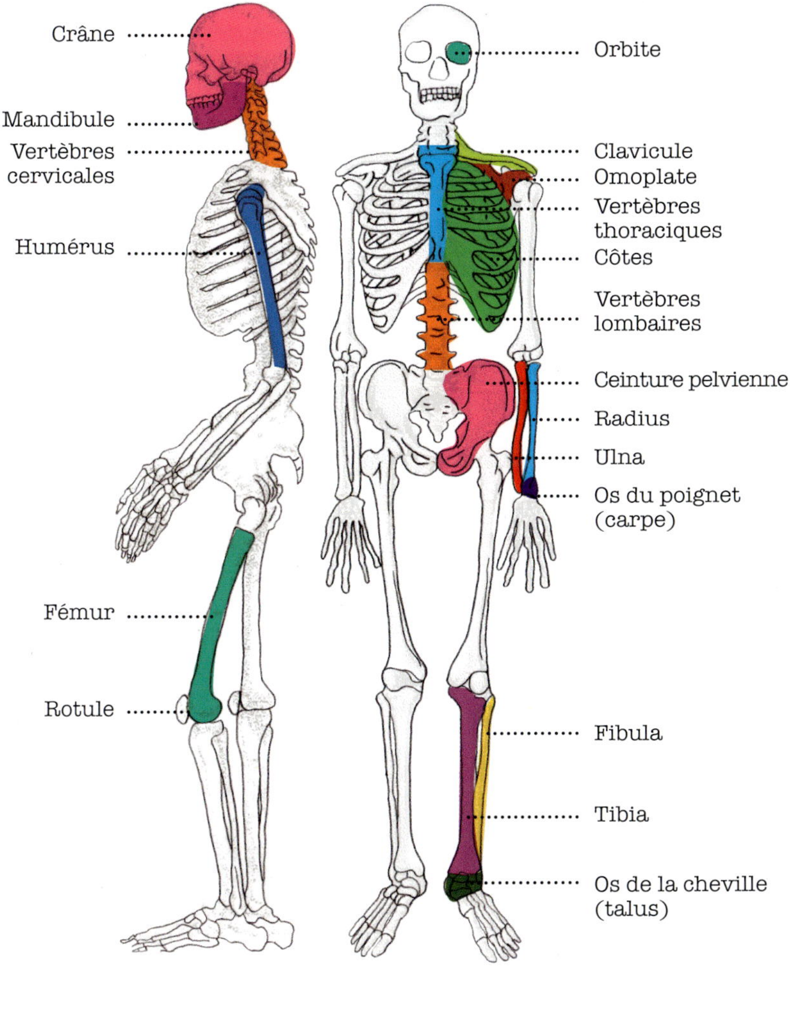


**Le squelette humain**

# Les muscles humains

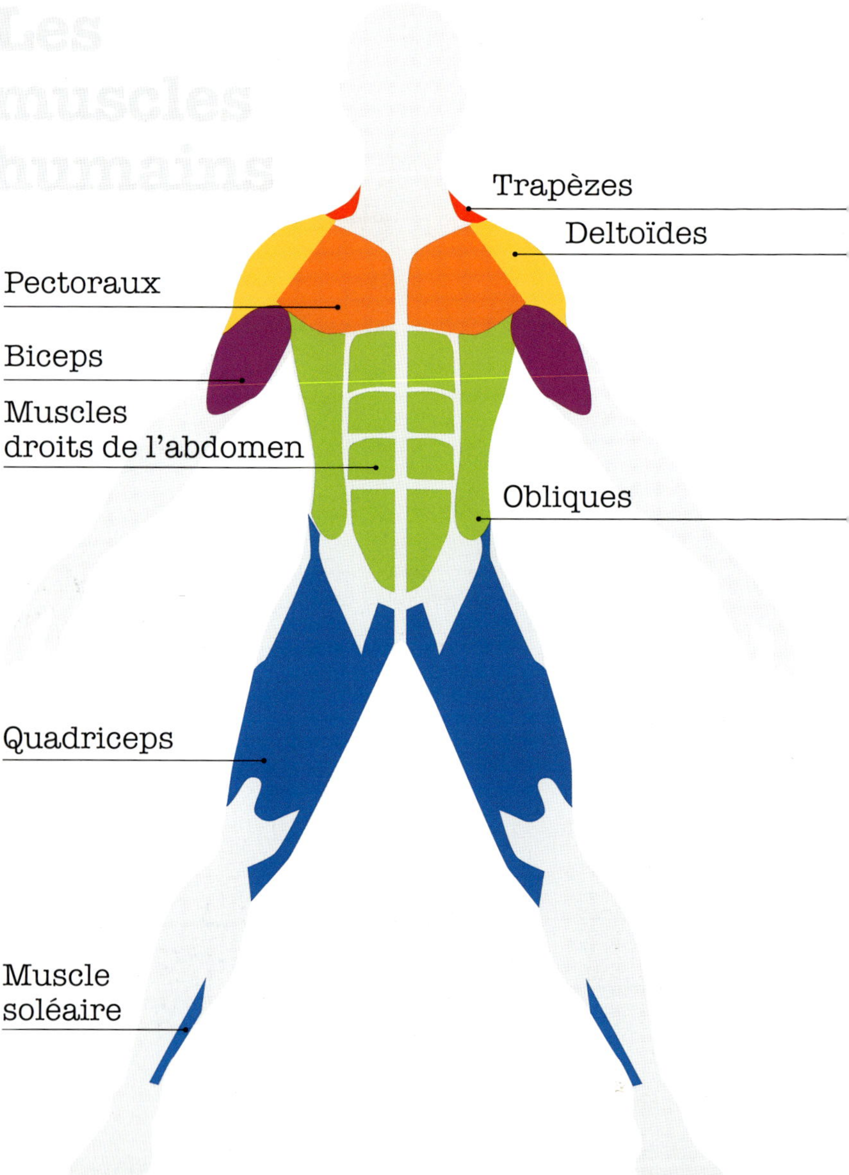

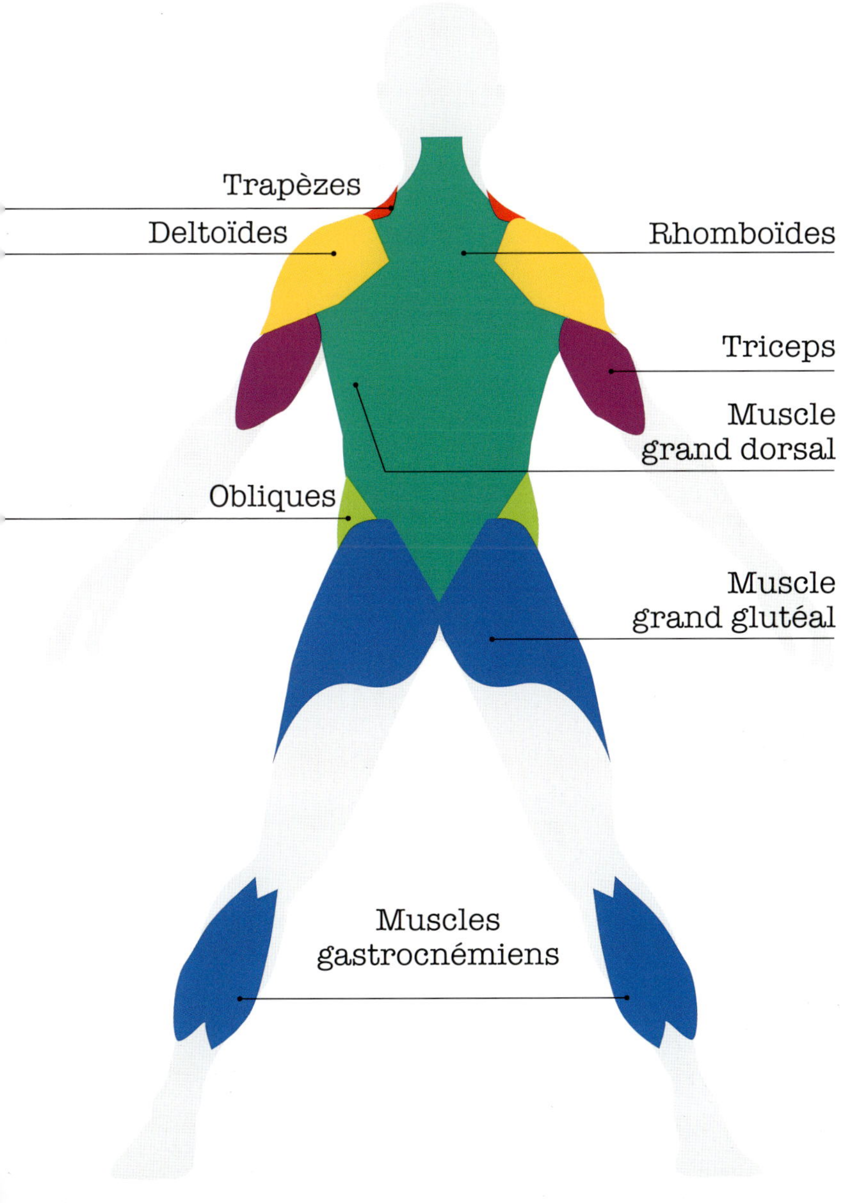
Trapèzes
Deltoïdes
Rhomboïdes
Triceps
Muscle
grand dorsal
Obliques
Muscle
grand glutéal
Muscles
gastrocnémiens

Iguane
34 km/h
Homme
43 km/h
Sphinx
53 km/h
Autruch
69 km/h

# Les animaux les plus rapides

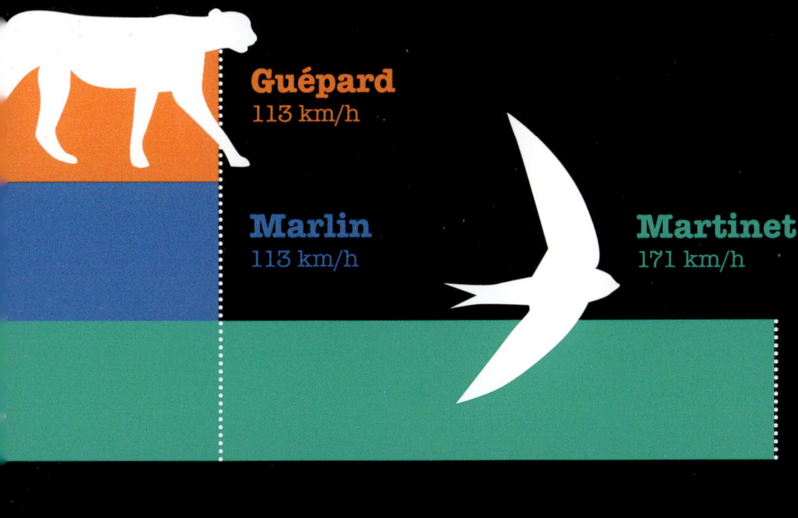

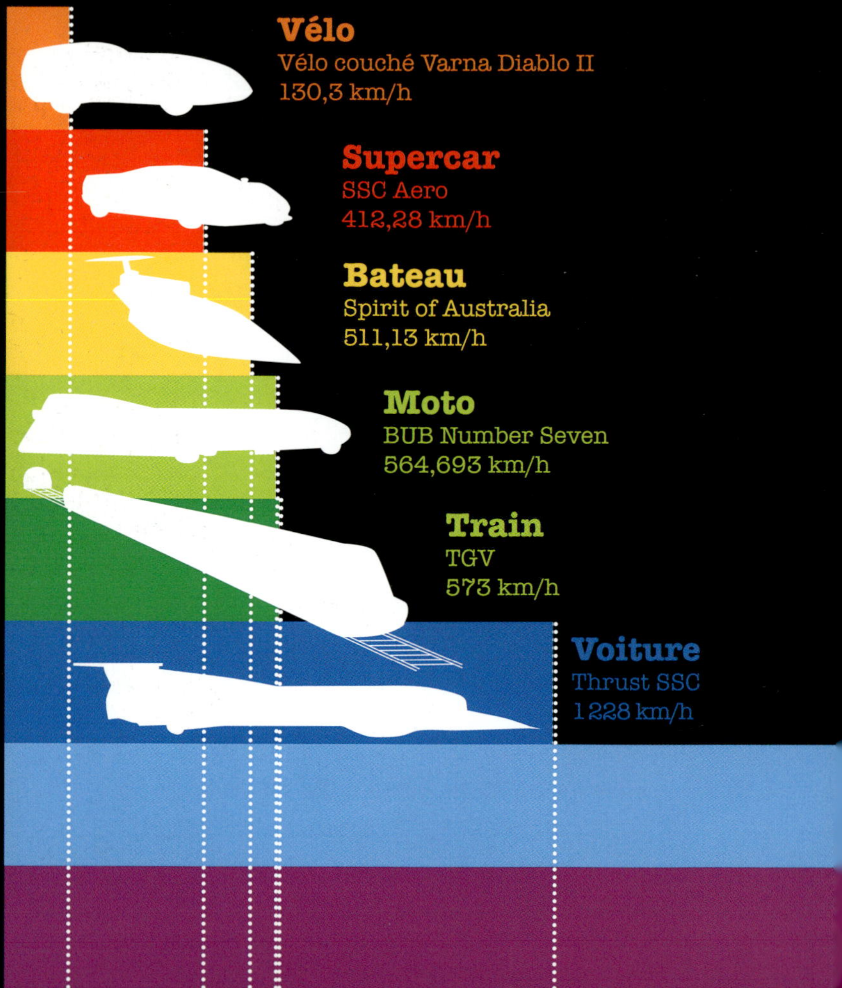
Vélo
Vélo couché Varna Diablo II
130,3 km/h
Supercar
SSC Aero
412,28 km/h
Bateau
Spirit of Australia
511,13 km/h
Moto
BUB Number Seven
564,693 km/h
Train
TGV
573 km/h
Voiture
Thrust SSC
1 228 km/h

# Les véhicules les plus rapides

# La mécanique automobile

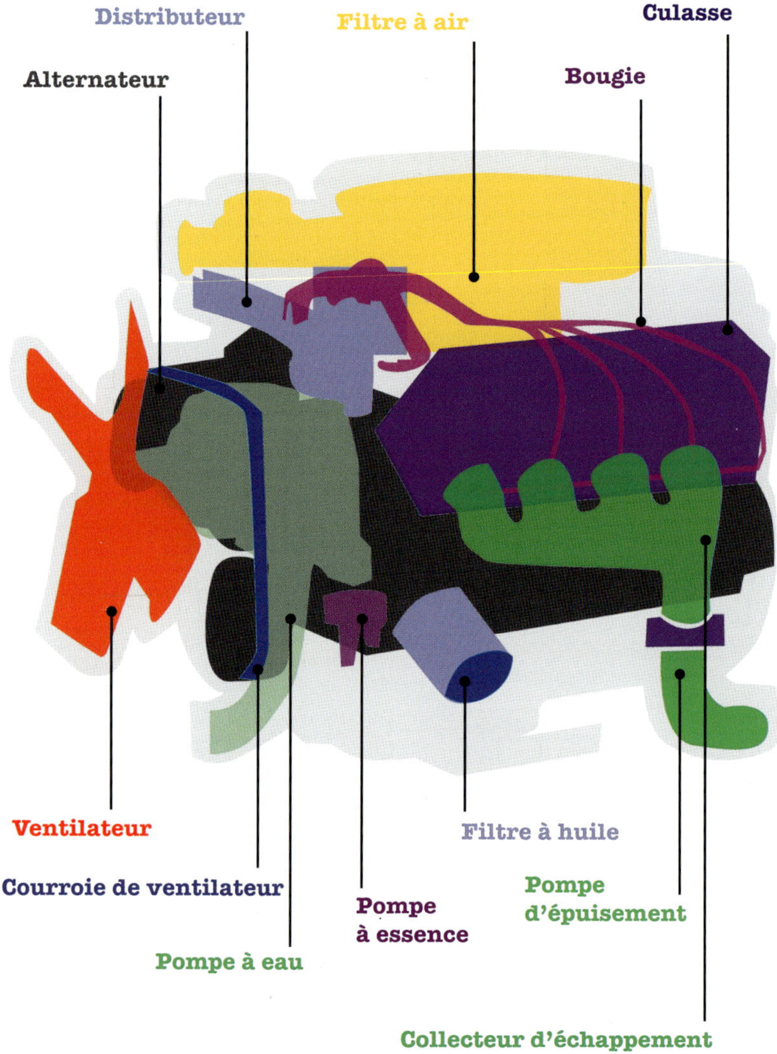

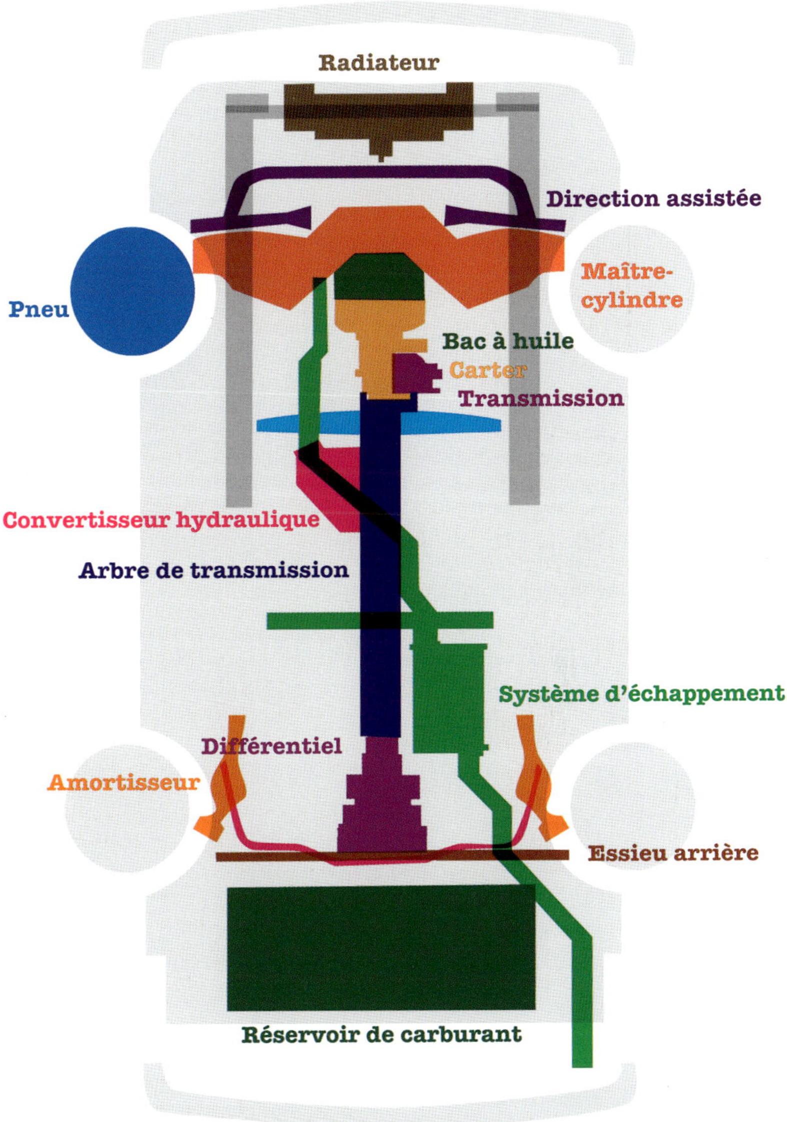
Radiateur
Direction assistée
Pneu
Maître-
cylindre
Bac à huile
Carter
Transmission
Convertisseur hydraulique
Arbre de transmission
Système d'échappement
Différentiel
Amortisseur
Essieu arrière
Réservoir de carburant

# L'industrie au XIX^e^ siècle

Le comte Alessandro Volta invente la pile électrique 1800
Richard Trevithick fait la démonstration d'une locomotive à vapeur

Peter Durand invente la boîte de conserve 1810
Des luddites détruisent des machines pour protester contre le chômage
George Stephenson conçoit la première locomotive à vapeur
Joseph Nicéphore Niépce est le premier à prendre une photographie

Michael Faraday fait la démonstration de la rotation électromagnétique, principe du moteur électrique 1820
Première locomotive à vapeur au monde transportant des passagers
Marc Brunel invente le tunnelier, rendant possible le forage de tunnel sous l'eau

Première ligne commerciale de chemin de fer entre Liverpool et Manchester 1830

Fox Talbot développe des photographies
Charles Babbage invente la machine à calculer
Samuel Colt invente le premier revolver
Samuel Morse développe le code Morse et le télégraphe
Le Great Western : premier bateau à vapeur conçu pour traverser l'Atlantique 1840
Achèvement du premier tunnel subaquatique construit sous la Tamise

Brevet du pneu

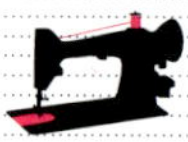

Isaac Singer invente la première machine à coudre domestique 1850
John Tyndall démontre le principe de la fibre optique
Louis Pasteur invente la pasteurisation
Étienne Lenoir réalise le premier moteur à combustion

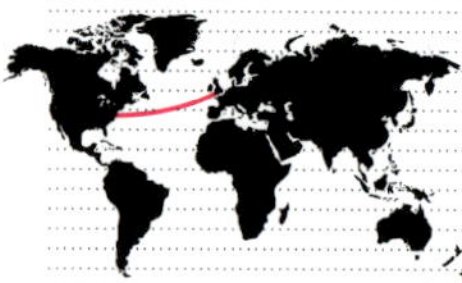

Naissance d'Henry Ford 1860
Premières voitures Pullman

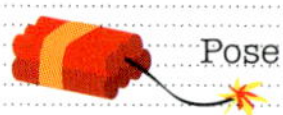

Pose du premier câble transatlantique
Alfred Nobel invente la dynamite
Inauguration du canal de Suez 1870

Alexander Graham Bell fait breveter le téléphone
Thomas Edison invente le phonographe
Émile Berliner invente le microphone

Thomas Edison invente la lampe à incandescence 1880
Sir William Armstrong est le premier à éclairer sa maison à l'électricité
Invention de la mitrailleuse
Karl Benz développe la première automobile avec un moteur à combustion interne
Heinrich Hertz découvre les ondes radio

Achèvement de la tour Eiffel 1890
W.L. Judson invente la fermeture à glissière
Première projection publique d'un film par les frères Lumière
Guglielmo Marconi reçoit une médaille pour l'application des ondes radio aux communications

Construction du premier dirigeable 1900

# La peinture du XIXe siècle

1800 Le romantisme devient le courant artistique prédominant, détrônant le néoclassicisme

William Blake, *Satan arrivant aux portes de l'Enfer*

1810

Caspar David Friedrich, *Le Voyageur contemplant une mer de nuages*

1820 John Constable, *La Charrette de foin*

Jean-Auguste-Dominique Ingres, *Odalisque en grisaille*

Mort de Jacques-Louis David, chef de file de l'École néoclassique

Eugène Delacroix, *Massacre de Scio*

1830 William Turner, *Ulysse raillant Polyphème – L'Odyssée d'Homère*

Création de l'École réaliste de Barbizon en réaction à la montée du romantisme

Eugène Delacroix, *La Liberté guidant le peuple*

1840

William Turner, *Pluie, Vapeur et Vitesse*

Naissance du préraphaélisme à Londres

Gustave Courbet, *Les Casseurs de pierre*

1850 Jean-Francois Millet, *Le Départ pour le travail*

Gustave Courbet, *L'Atelier du peintre; Allégorie réelle*

Jean-Francois Millet, *Des glaneuses*

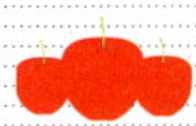

1860

Paul Cézanne expose au Salon

Édouard Manet, *Le Déjeuner sur l'herbe* et *Olympia*

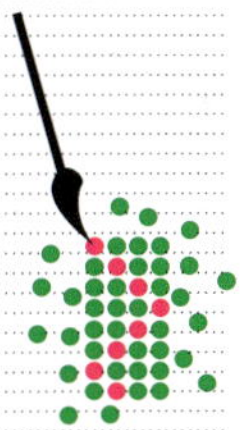

1870

Edgar Degas et Claude Monet exposent lors de la première exposition impressionniste

Pierre Auguste Renoir, *Bal du Moulin de la Galette*

Claude Monet, *Gare Saint-Lazare*

Edgar Degas, *La Répétition*

1880 Édouard Manet, *Bar aux Folies-Bergère*

Georges Seurat, *Un dimanche après-midi sur l'île de la Grande Jatte*

Paul Cézanne, *La Montagne Sainte-Victoire*

Dernière exposition des impressionnistes

Henri Rousseau, *Un soir de carnaval*

1890 Vincent Van Gogh, *Les Tournesols*. Il se coupe le lobe de l'oreille gauche

Suicide par balle de Vincent Van Gogh

Henri de Toulouse-Lautrec, *Le Moulin rouge*

Edvard Munch, *Le Cri*

Paul Gauguin, *Maternité*

1900 Claude Monet, *Le Bassin aux nymphéas*

# Le cercle chromatique

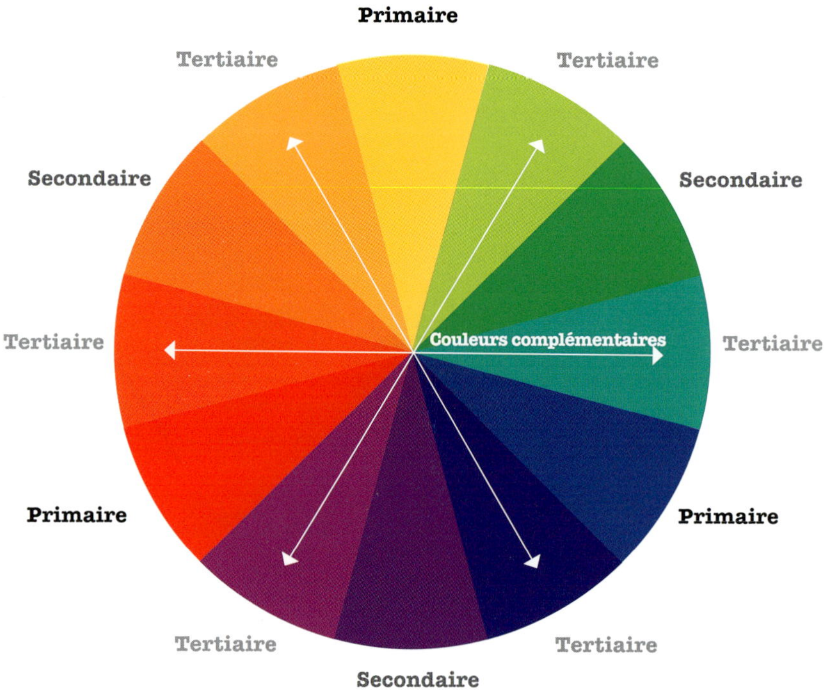

**Le principe du mélange des couleurs par addition pour la lumière**

**Le principe du mélange des couleurs par soustraction pour les pigments**

# Les cocktails

**Vodka-Martini**
43 ml de vodka
Un trait de vermouth dry
Secouez avec des glaçons
Ajoutez une olive

**Cosmopolitan**
21 ml de vodka
14 ml de Cointreau
28 ml de jus de canneberge
14 ml de jus de citron vert
Secouez

**Vodka-Orange**
43 ml de vodka
128 ml de jus d'orange
frais et glacé
Une pincée de sel
Mixez avec des glaçons,
décorez et servez

**Pina Colada**
28 ml de rhum blanc
85 ml de jus d'ananas
28 ml de crème de coco
Eau gazeuse, selon le goût
Mixez avec de la glace pilée jusqu'à
obtention d'un liquide onctueux,
puis servez avec une brochette
de cerises et d'ananas

**Singapore Sling**
43 ml de gin
14 ml de liqueur de cerise Heering
7 ml de Cointreau
7 ml de Bénédictine
9 ml de grenadine
114 ml de jus d'ananas
28 ml de jus de citron frais
Un trait de Bitter Angostura

**Blue Hawaiian**
28 ml de rhum blanc
57 ml de jus d'ananas
28 ml de curaçao bleu
28 ml de crème de coco
Mixez avec de la glace
Ajoutez une tranche d'ananas
et une cerise

**Whisky Sour**
43 ml de whisky
14 ml de jus de citron
½ cuillerée à café
de sucre en poudre
Secouez avec des glaçons
Ajoutez une cerise
et une tranche de citron

**Caipirinha**
2 cuillerées à café
de sucre extrafin
½ citron vert frais
coupé en quatre
50 ml de cachaça
Ajoutez de la glace
et mélangez

## Quelques vins français

**Quelques vins italiens**

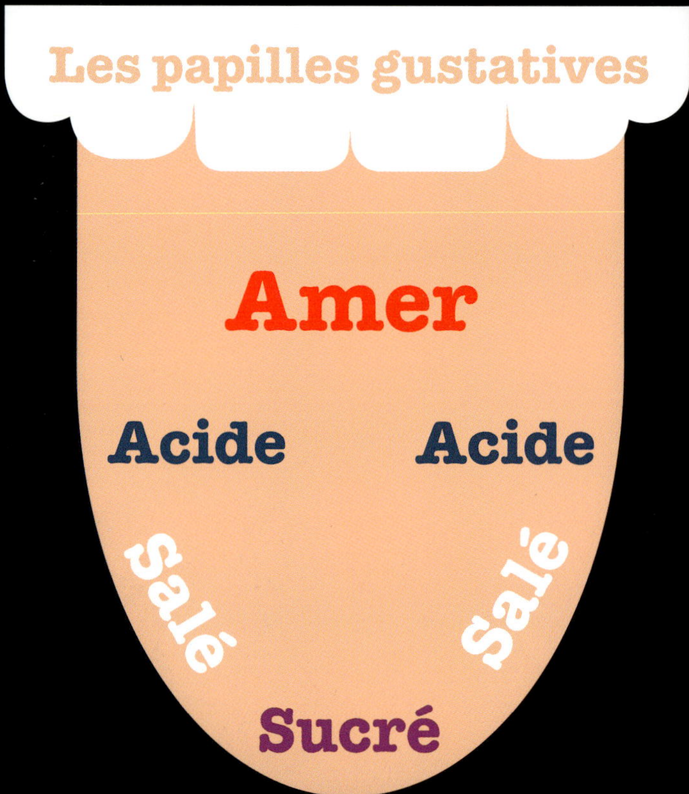
Les papilles gustatives
Amer
Acide
Acide
Salé
Salé
Sucré

# Un régime équilibré

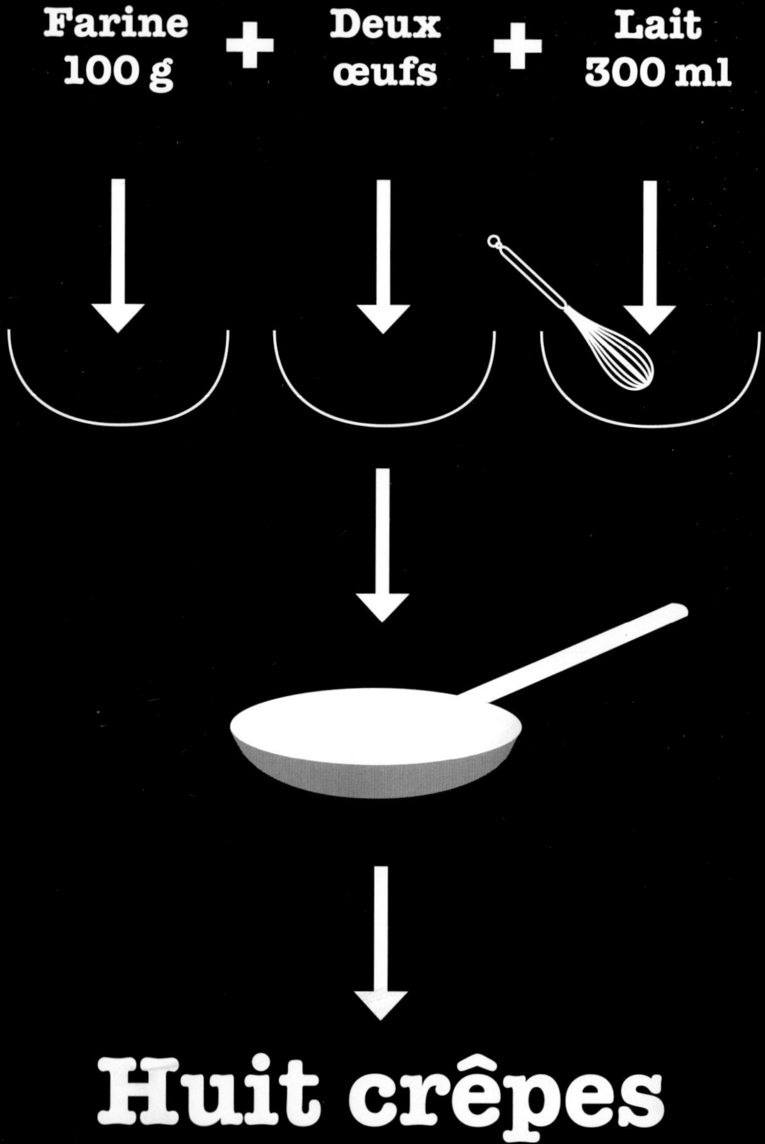
Farine
100 g
+
Deux
œufs
+
Lait
300 ml
Huit crêpes

# Les dents

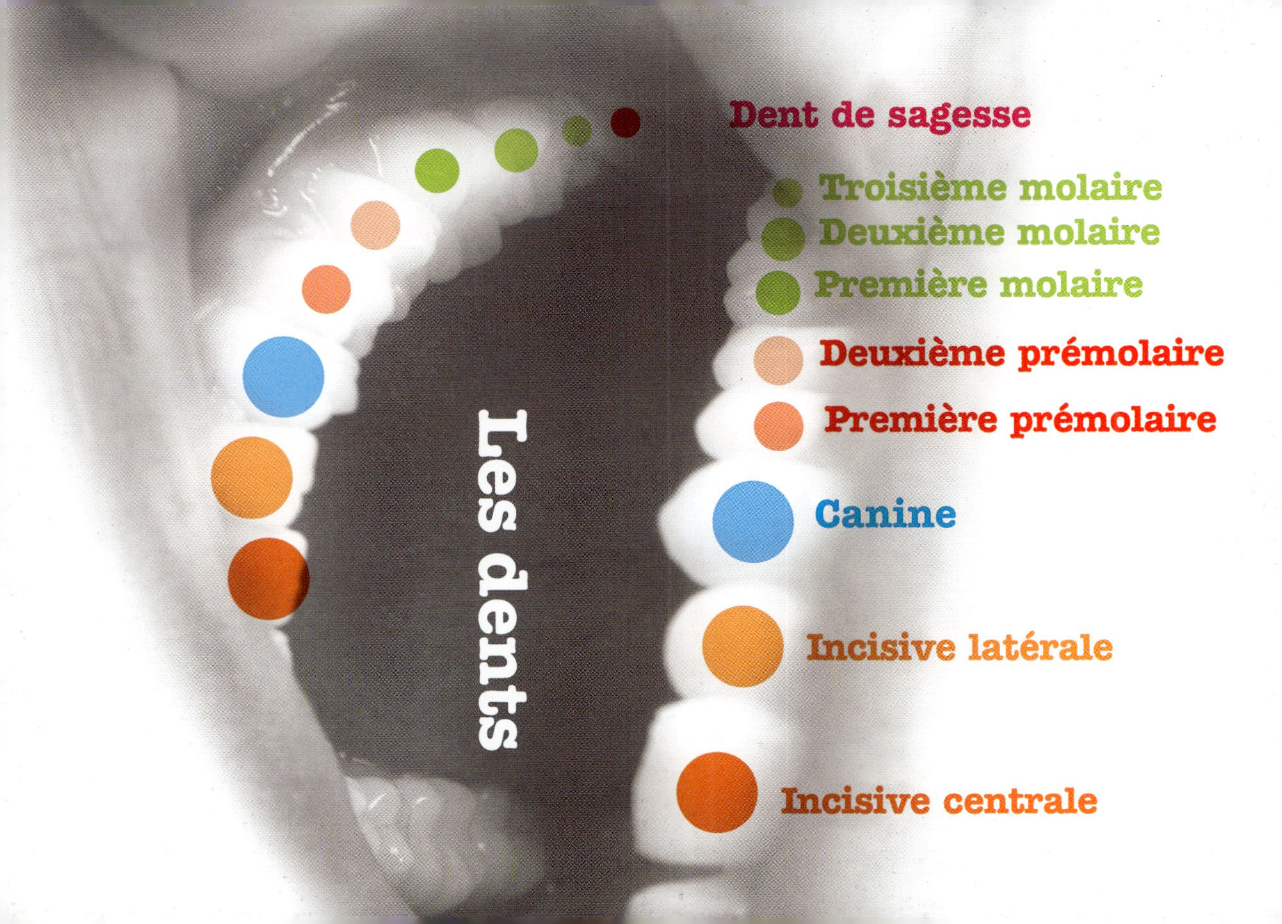
Dent de sagesse
Troisième molaire
Deuxième molaire
Première molaire
Deuxième prémolaire
Première prémolaire
Canine
Incisive latérale
Incisive centrale

# L'AGNEAU

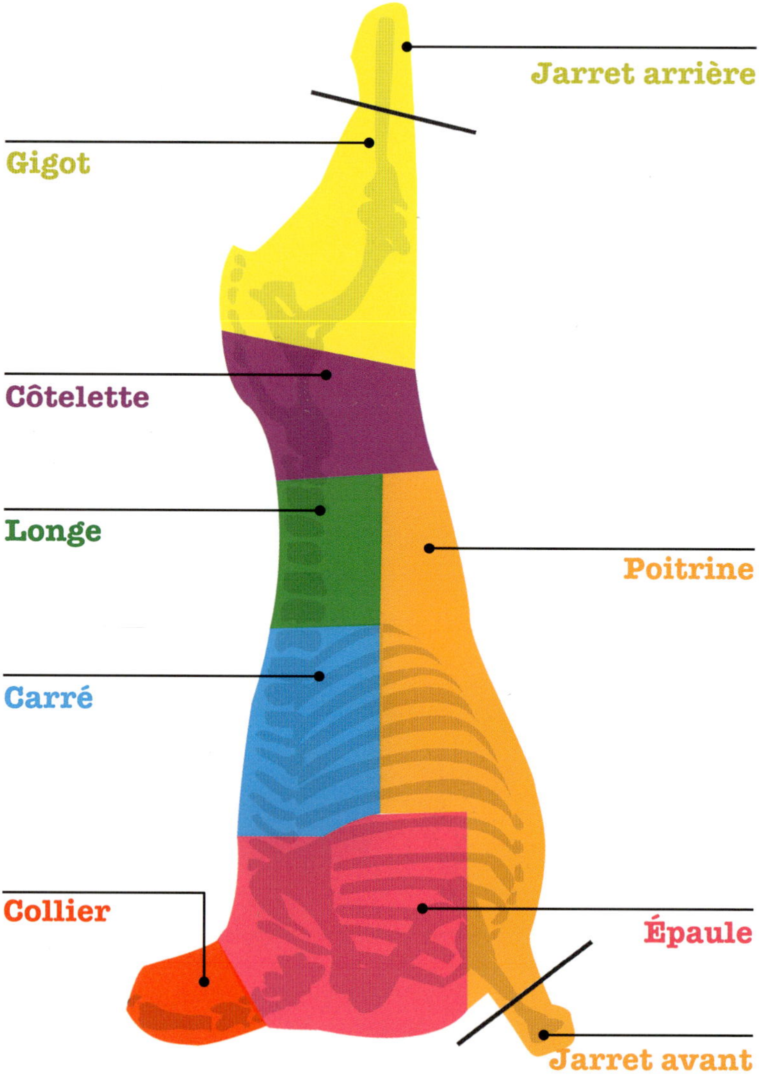
Jarret arrière
Gigot
Côtelette
Longe
Poitrine
Carré
Collier
Épaule
Jarret avant

# LE BŒUF

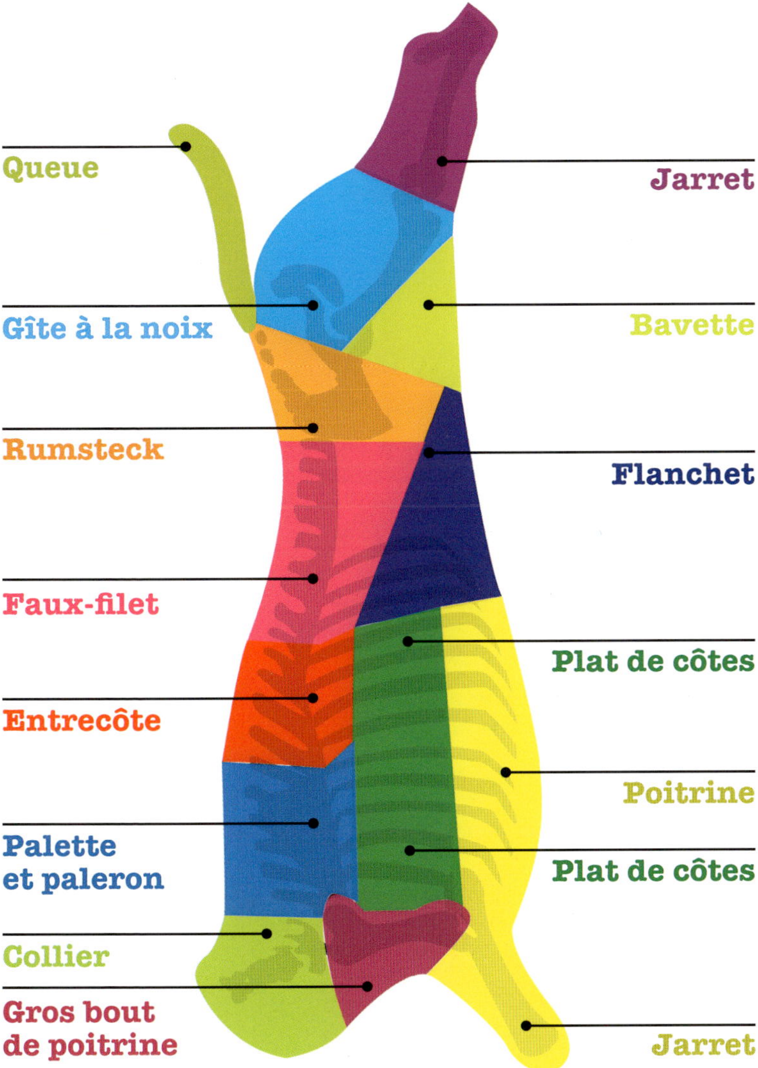
Queue
Jarret
Gîte à la noix
Bavette
Rumsteck
Flanchet
Faux-filet
Plat de côtes
Entrecôte
Poitrine
Palette
et paleron
Plat de côtes
Collier
Gros bout
de poitrine
Jarret

# Le système digestif humain

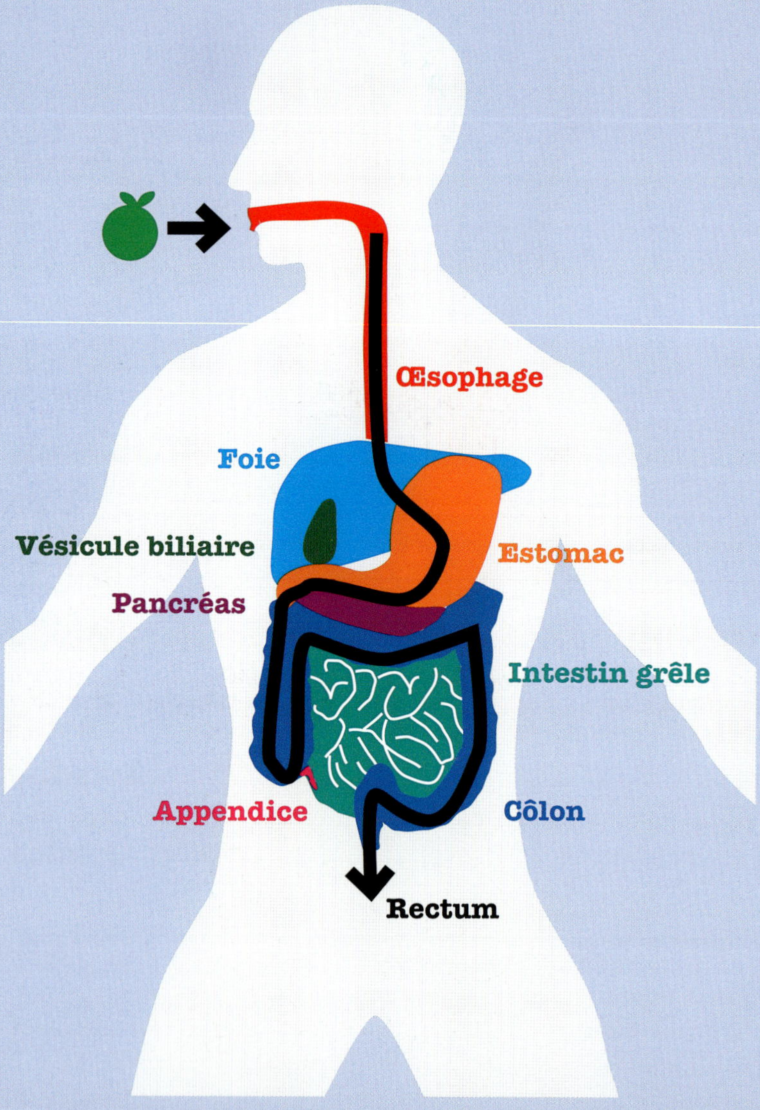

# La méthode de Heimlich

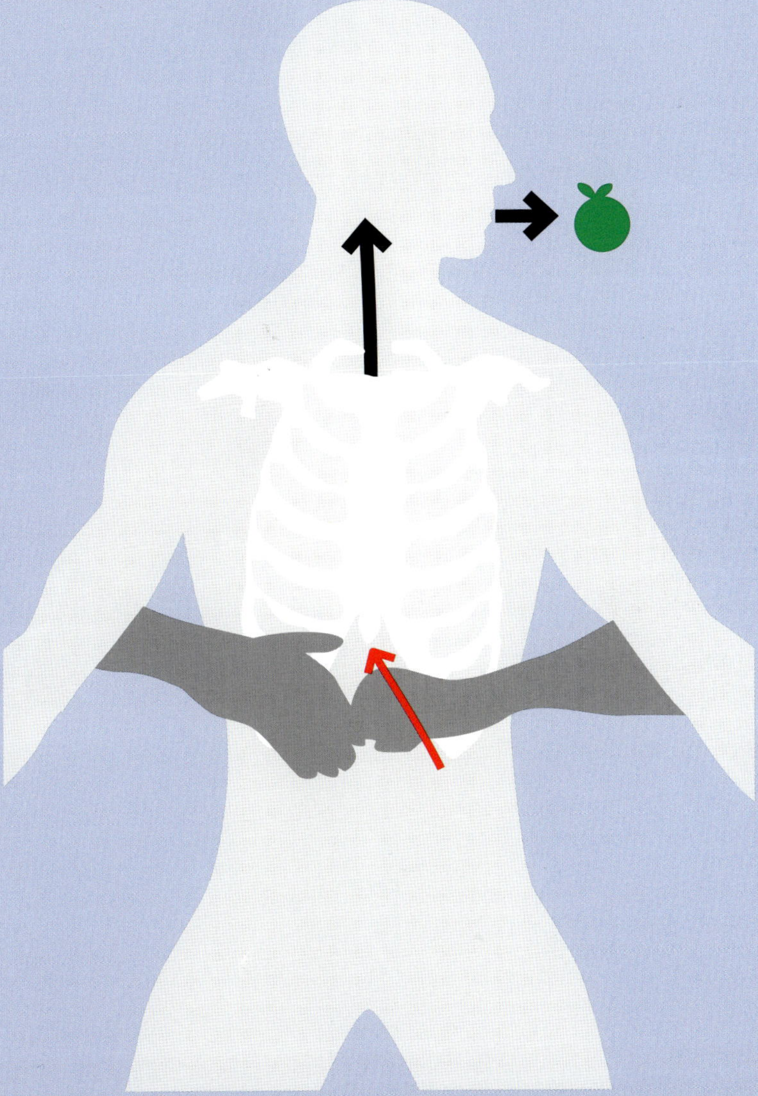

# SELF-DÉFENSE

# Les bandages

# L'AÉROGLISSEUR

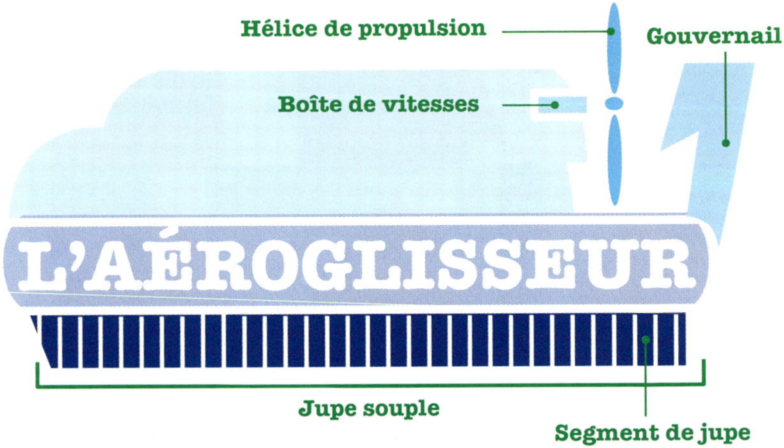


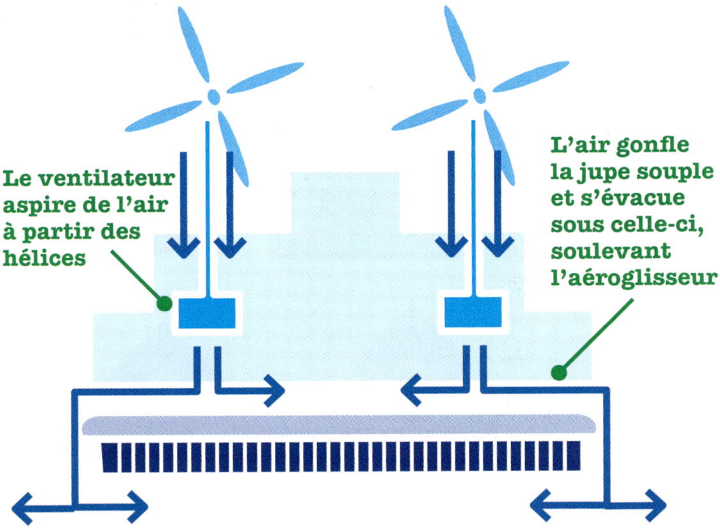

# L'éolienne

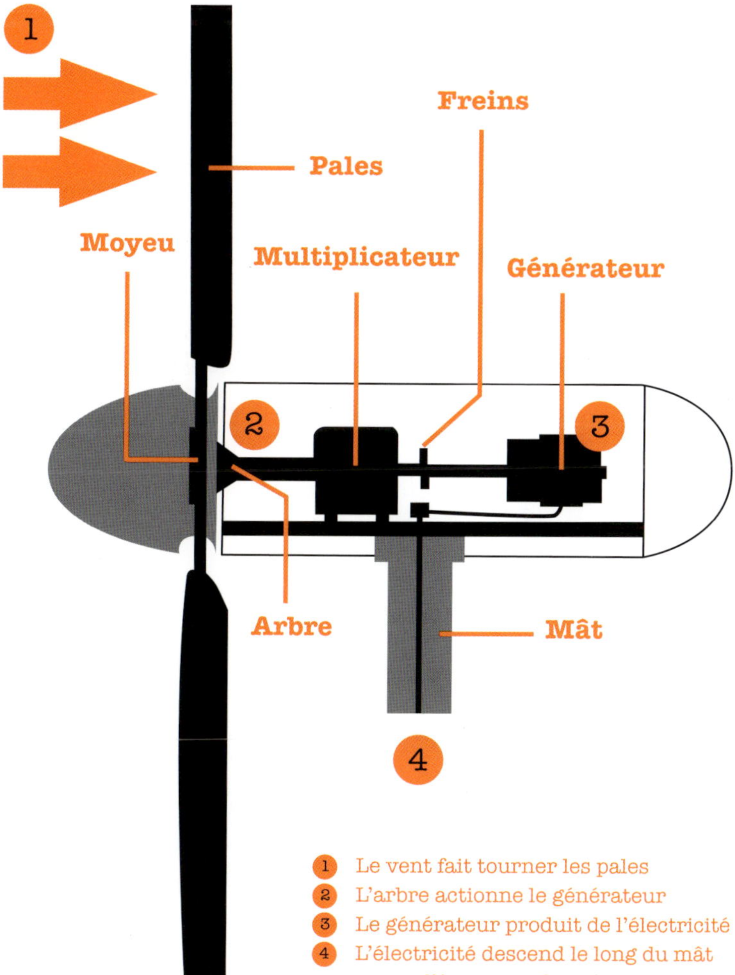


1. Le vent fait tourner les pales
2. L'arbre actionne le générateur
3. Le générateur produit de l'électricité
4. L'électricité descend le long du mât avant d'être transformée en énergie qui sera transmise *via* une ligne à haute tension

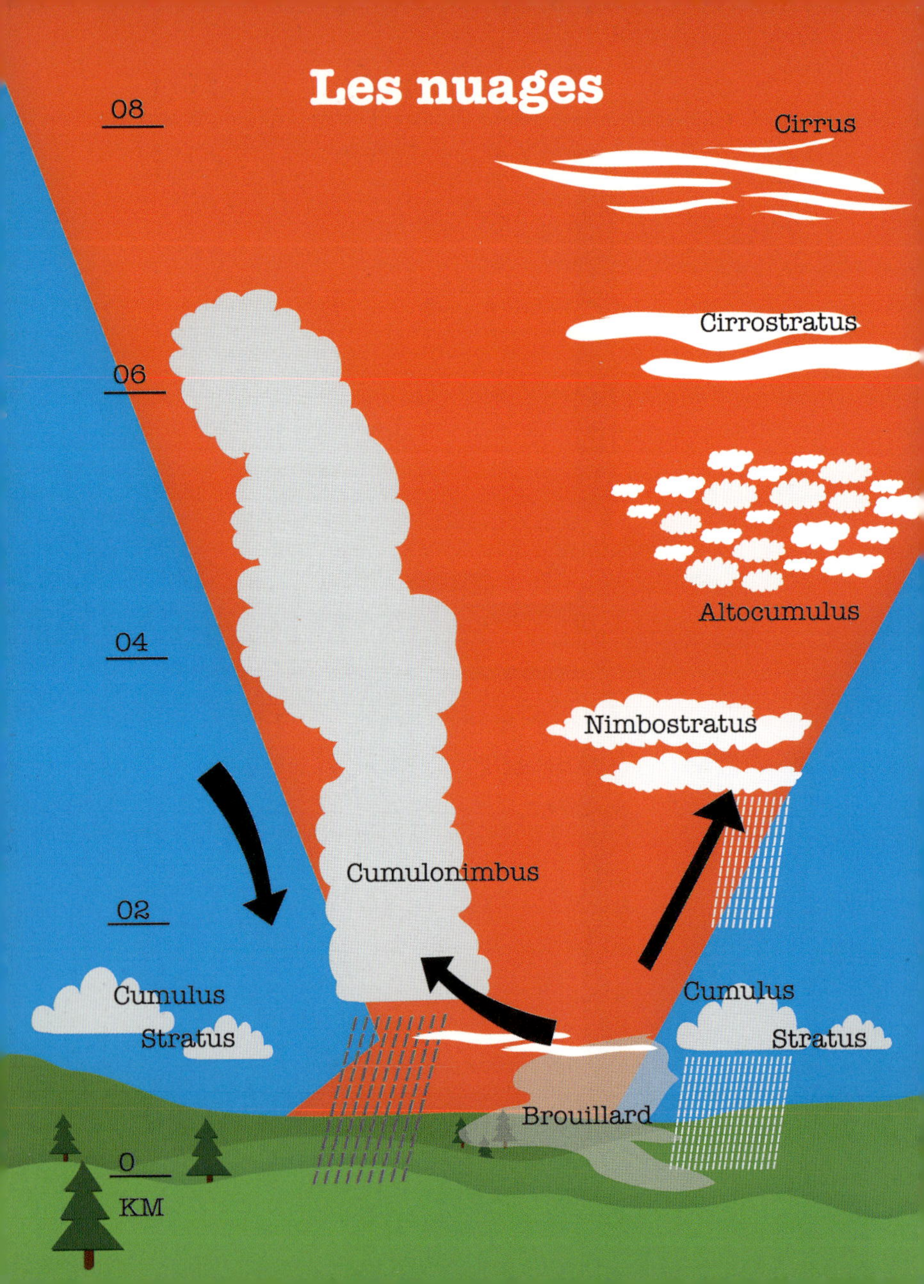
Les nuages
08
Cirrus
Cirrostratus
06
Altocumulus
04
Nimbostratus
Cumulonimbus
02
Cumulus
Stratus
Cumulus
Stratus
Brouillard
0
KM

## L'arc-en-ciel

Riches
Ou
Jeunes
Votre
Beauté
Inquiète
Vénus

**La vitesse de la lumière**
**299 792 458 m/s**

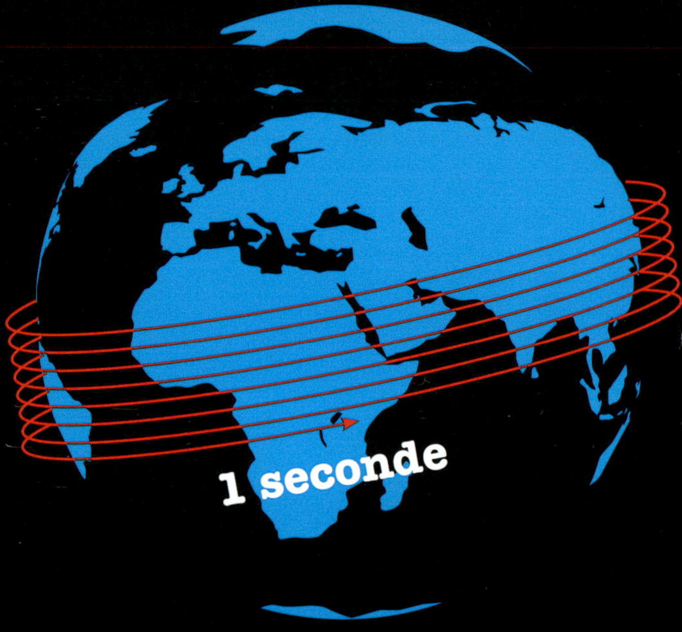

# La vitesse du son
# 343 m/s

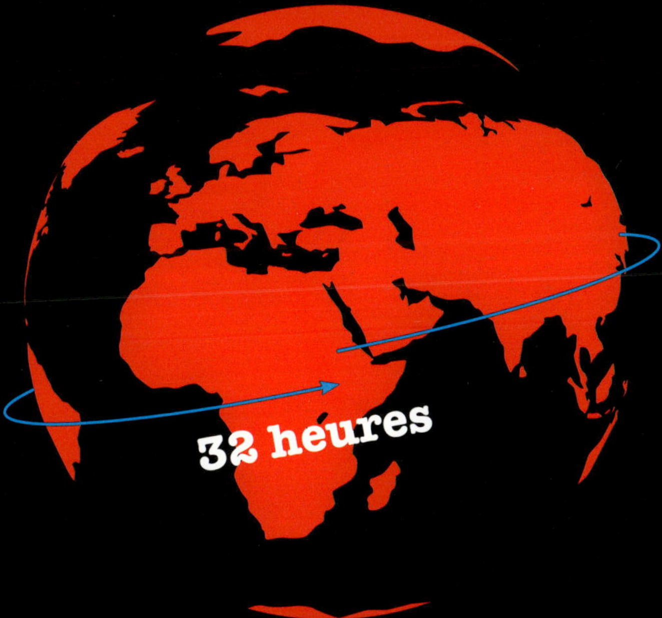

LES POINTS DE RÉFLEXOLOGIE

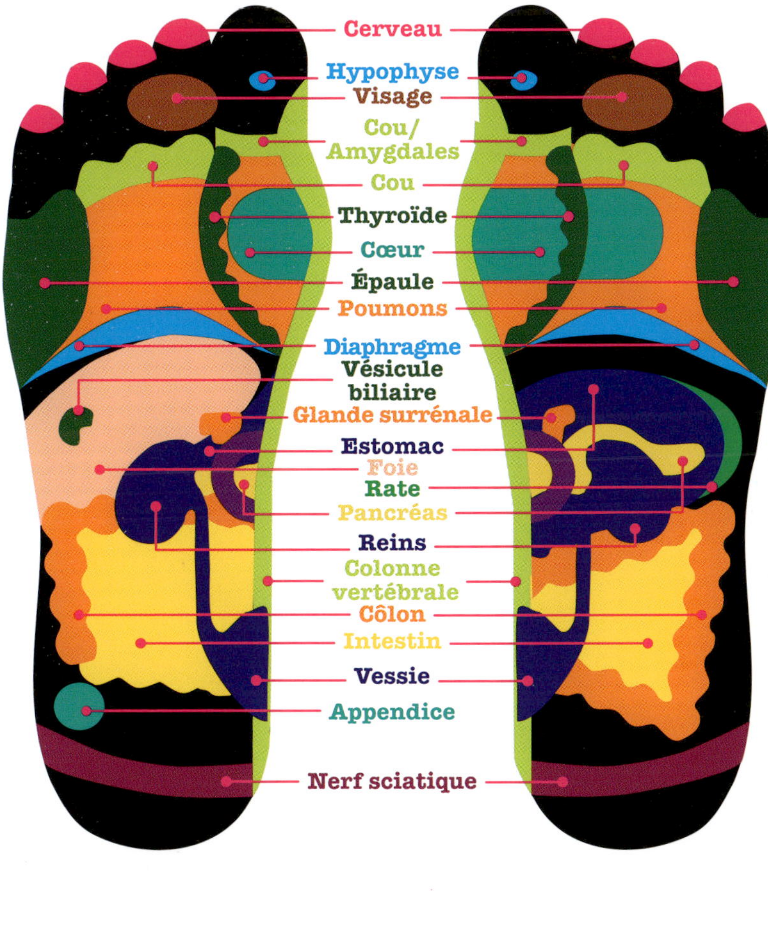


# LES POINTS DE RÉFLEXOLOGIE

# LE FOX-TROT

## LENT LENT VITE VITE
## LENT LENT VITE VITE

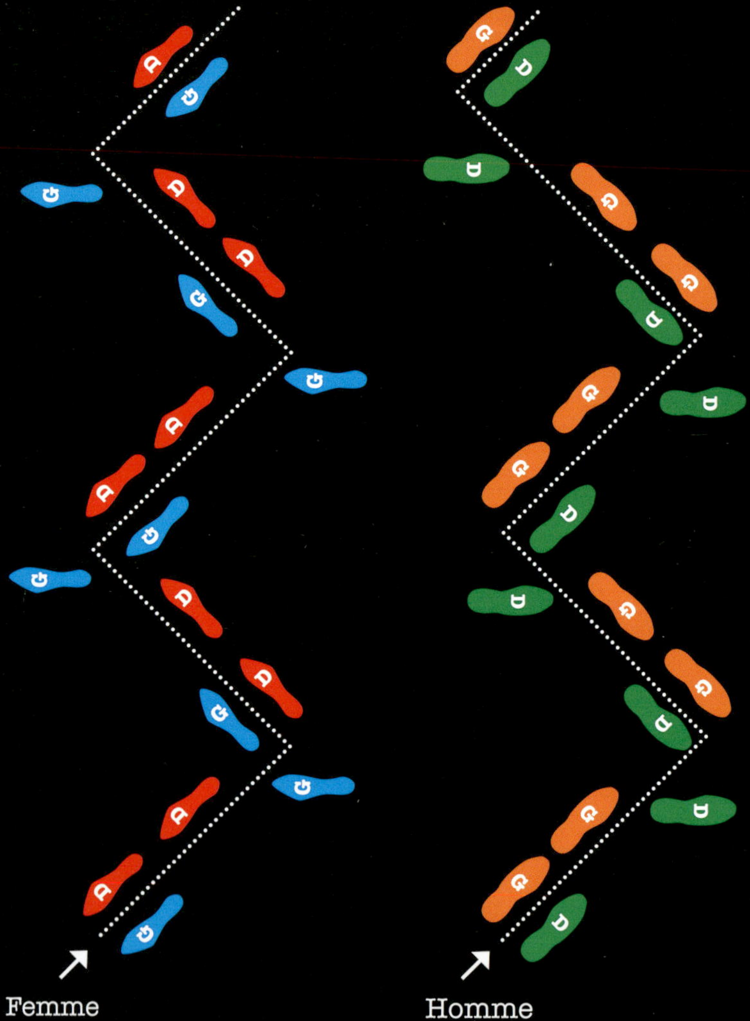

# Quelques empreintes d'animaux

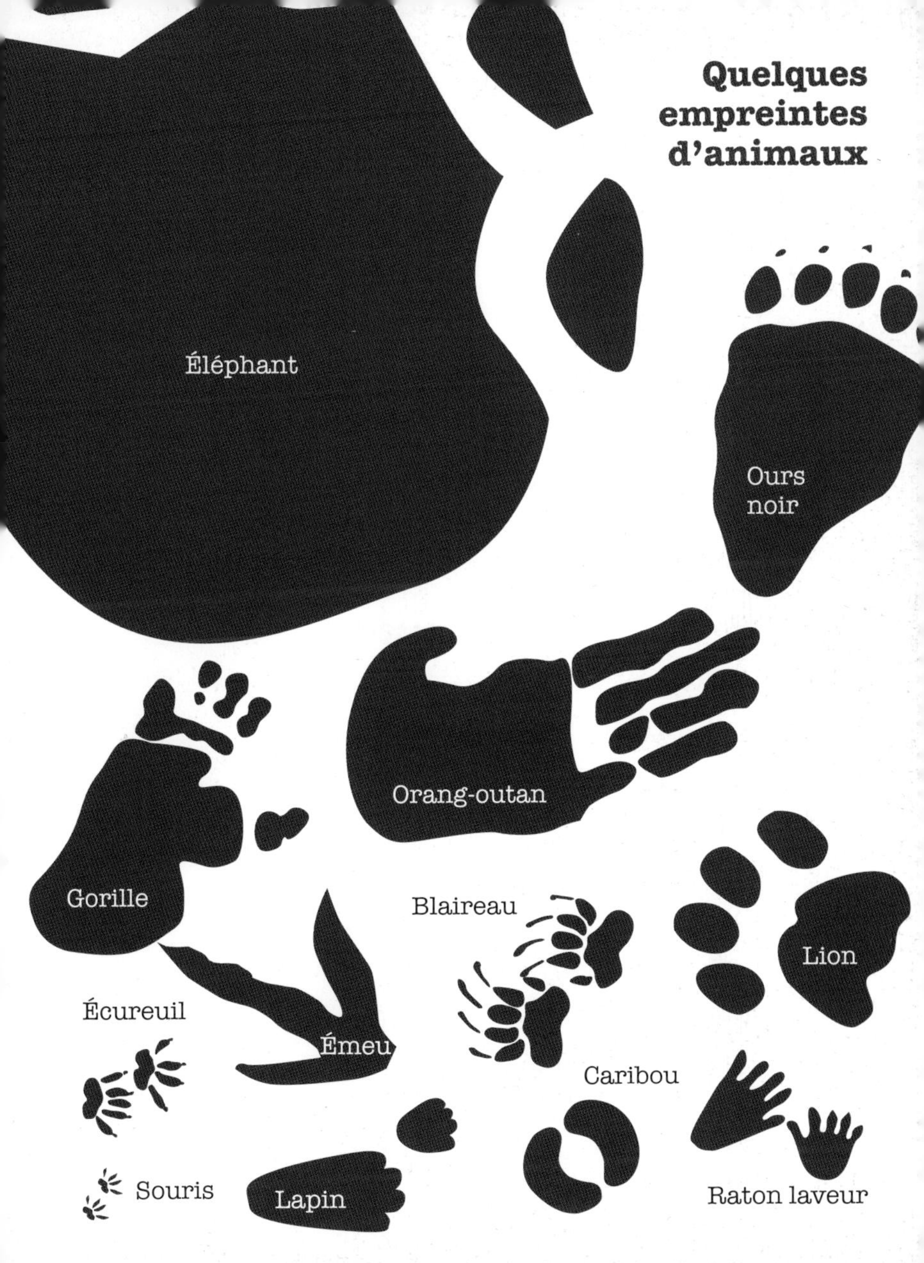

# Les dinosaures

Diplodocus
Longueur : jusqu'à 27 m
Hauteur : jusqu'à 15 m

Brachiosaure
Longueur : jusqu'à 24 m
Hauteur : jusqu'à 15 m

Tricératops
Longueur : jusqu'à 8 m
Hauteur : jusqu'à 3 m

Stégosaure
Longueur : jusqu'à 9 m
Hauteur : jusqu'à 4 m

Pténarodon
Envergure : jusqu'à 12 m

Tyrannosaure
Longueur : jusqu'à 12 m
Hauteur : jusqu'à 6 m

Deinonychus
Longueur : jusqu'à 4 m
Hauteur : jusqu'à 2 m

Godzilla
Hauteur : 100 m
Bibendum Chamallow
Hauteur : 40 m
King Kong
Hauteur : 12,5 m
Jabba
le Hutt
4 m

# Les créatures au cinéma

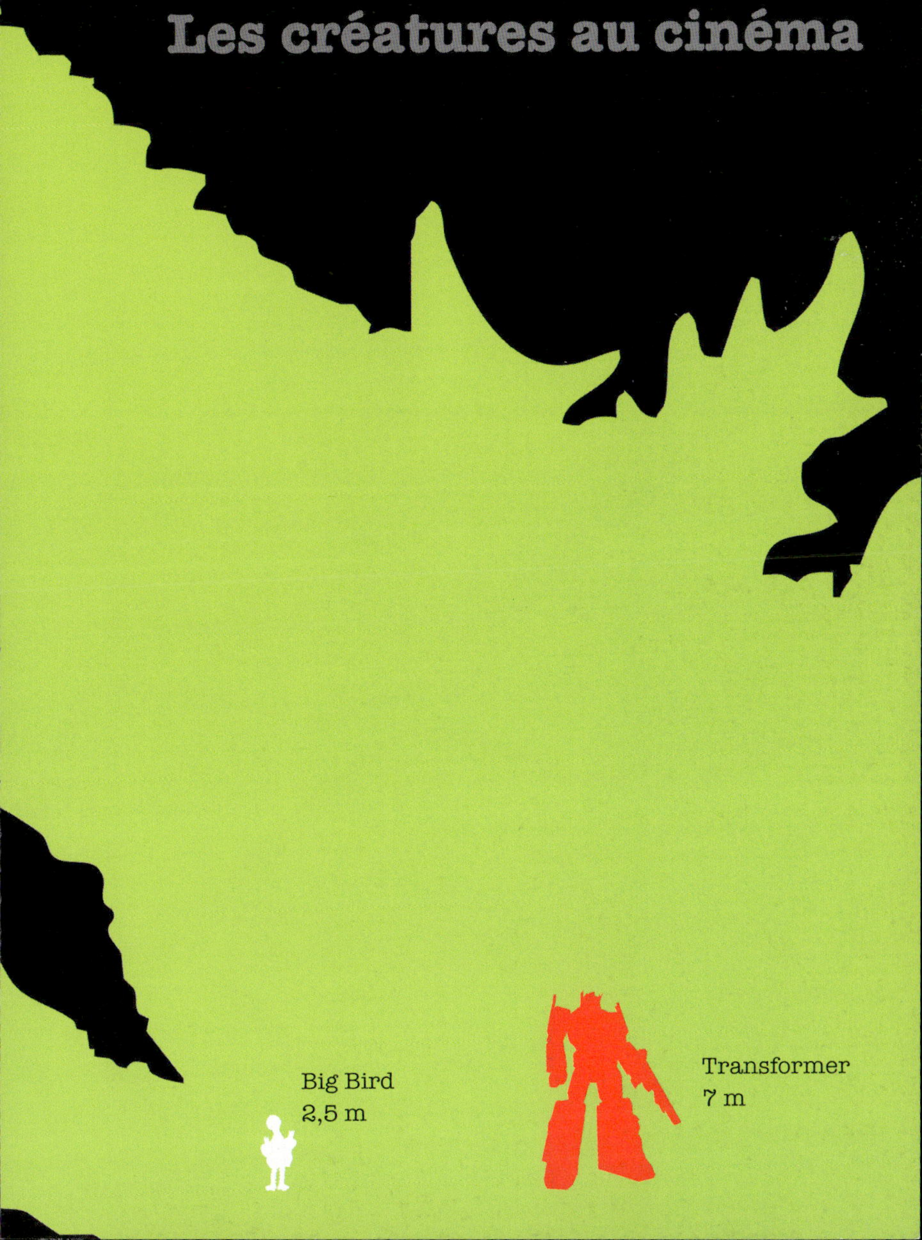

Attacus Atlas
Longueur : 250 mm
Fourmi des bois
Longueur : 10 mm
Mille-pattes géant
Longueur : 100 mm
Guêpe
Longueur : 19 mm
Libellule
Longueur : 85 mm
Envergure : 120 mm

# Les bestioles

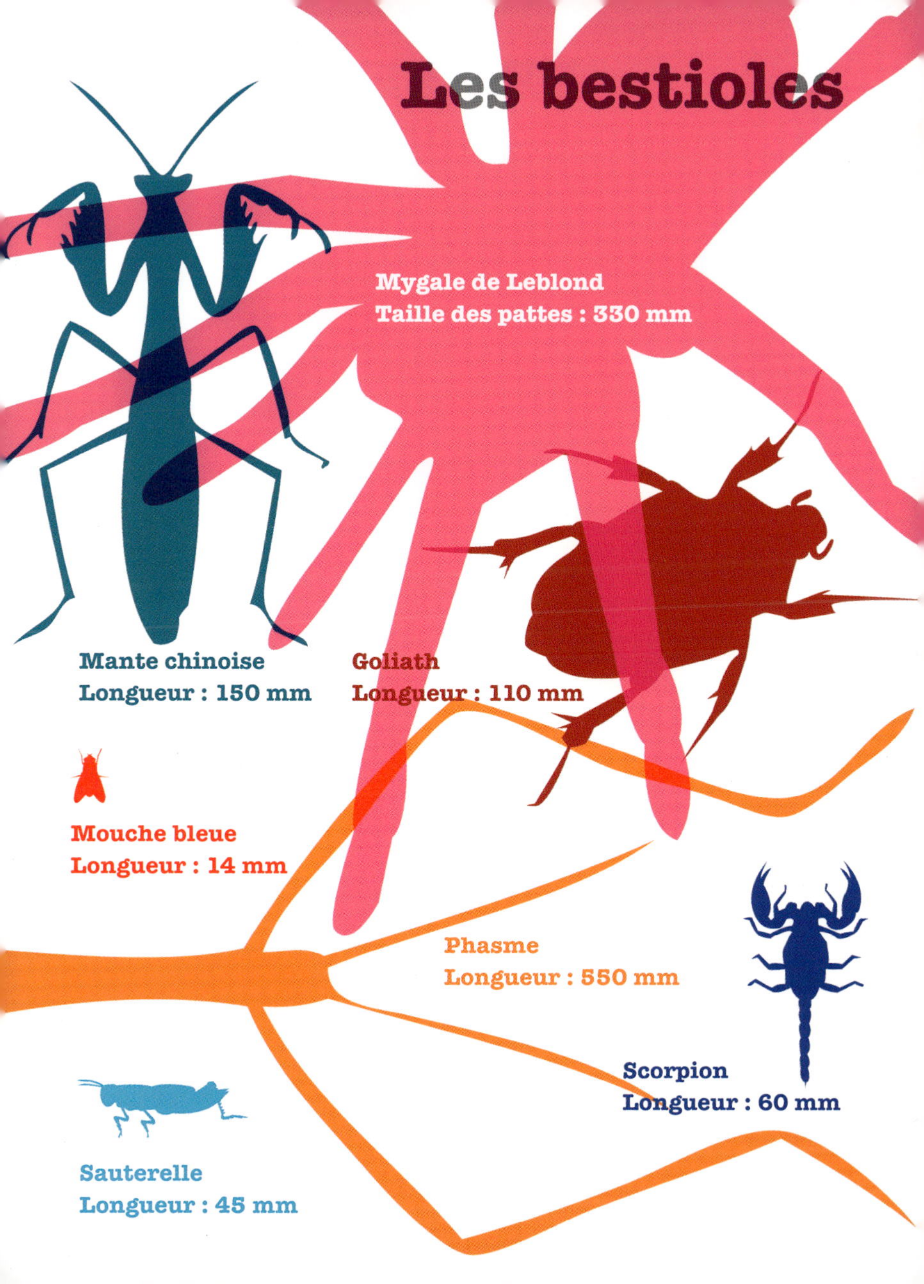

# LES BEATLES

**1960**

Les Quarry Men deviennent les Beatles, en référence à un gang dans le film *L'Équipée sauvage*

Les Beatles jouent à l'Indra Club à Hambourg

**1961**

Ils donnent leur premier concert au Cavern Club

Brian Epstein propose de devenir le manager des Beatles

**1962**

Les Beatles sont refusés par Decca Records

Stuart Sutcliffe meurt d'une hémorragie cérébrale à Hambourg

Pete Best est remplacé par Ringo Starr

Première apparition à la télévision dans l'émission *People and Places*

**1963**

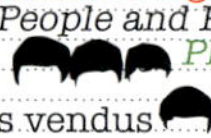

Enregistrement de *Please Please Me* en dix heures

*She loves you / I'll Get You* : un million d'exemplaires vendus

*Sunday Night at the Palladium* : 15 millions de téléspectateurs

*With the Beatles* détrône *Please Please Me*

**1964**

Voyage à New York : la Beatlemania aux USA

Ils occupent les cinq premières places aux USA

Nominés « Meilleur nouvel artiste » aux Grammy Awards

*Ed Sullivan Show* : 73 millions de téléspectateurs

Les single, film et album *A Hard Day's Night* sont numéro 1 au Royaume-Uni et aux USA

**1965**

Le film *Help* : en tête du box-office au Royaume-Uni et aux USA

John, Paul, George et Ringo reçoivent la médaille de Membre de l'Empire britannique

**1966**

John dit : « Les Beatles sont plus célèbres que Jésus »

Les Beatles sortent l'album *Revolver*

Début de leur dernière tournée mondiale en Allemagne

Rumeurs sur la mort de Paul dans un accident de voiture

**1967**

Ils remportent trois Grammy Awards

Le groupe a vendu plus de 200 millions d'albums dans le monde

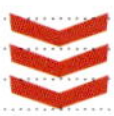

Sortie de l'album *Sgt. Pepper's Lonely Hearts Club Band*

**1968**

Ils raflent quatre Grammy Awards

Brian Epstein meurt d'une overdose

Hey Jude devient leur plus grand tube

L'album blanc entre directement en tête des ventes

**1969**

Aucun single n'est extrait de l'album blanc

*Abbey Road* : numéro 1 au Royaume-Uni et aux USA

Lennon annonce son départ au reste du groupe ; aucune annonce publique n'est faite

John et Yoko organisent une série de « Bed-Ins »

**1970**

Dernier concert live sur le toit de l'immeuble Apple

*Let it Be* numéro 1 au Royaume-Uni et aux USA

McCartney annonce publiquement la séparation du groupe

**1971**

---

**1962**

Premier single – Love Me Do

**1963**

*Please Please Me*

Ask Me Why

*With The Beatles*

All My Loving

**1964**

*A Hard Day's Night*

Can't Buy Me Love

A Hard's Day Night

*Beatles for Sale*

Eight Days A week

**1965**

Rock And Roll Music

*Rubber Soul*

Nowhere Man

*Help !*

Ticket To Ride

**1966**

Yesterday

*Revolver*

Eleanor Rigby

Yellow Submarine

**1967**

*Sgt. Pepper's Lonely Hearts Club*

With A Little Help From My Friends

A Day In The Life

*Magical Mystery Tour*

All You Need Is Love

**1968**

Penny Lane

*The Beatles (white album)*

Back In The U.S.S.R

Whilst My Guitar Gently Weeps

Helter Skelter

**1969**

*Abbey Road*

Something

Here Comes The Sun

*Yellow Submarine*

**1970**

All You Need Is Love

*Let It Be*

Let It Be

The Long And Winding Road

# LES ROLLING STONES

**1960**

**1961**

**1962**

Première répétition organisée par Jones

Premier concert des Rolling Stones au Marquee

**1963**

Premier single – Come on

Ils jouent pendant huit mois au Crawdaddy Club

Ils signent chez Decca Records

*England's Newest Hit Makers*

**1964**

Not Fade Away

Walking the Dog

*12x5, 1964*

Time Is on My Side

It's All Over Now

Première tournée au Royaume-Uni

Première tournée aux USA

**1965**

*The Rolling Stones, Now !*

Little Red Rooster

*Out of Our Heads*

Heart of Stone

*December's Children (& Everybody's)*

(I Can't Get No) Satisfaction se place en tête des ventes au Royaume-Uni

*Out Of Our Heads* devient le premier disque de platine des Stones

**1966**

As Tears Go By

*Got LIVE If You Want It*

Get Off My Cloud

The Last TIme

*Aftermath*

Les Stones sortent *Aftermath*, leur premier album entièrement composé de chansons originales

**1967**

Paint It Black

*Between The Buttons*

Ruby Tuesday

*Their Satanic Majesties Request*

Jagger et Richards sont arrêtés pour possession de drogues

Tournée en Europe

**1968**

2000 Light Years From Home

*Beggars Banquet*

Sympathy for The Devil

Street Fighting Man

*Their Satanic Majesties Request* est considéré comme une œuvre trop ambitieuse et décousue

Ils enregistrent une émission spéciale en Angleterre : *Rock and Roll Circus*

**1969**

*Let It Bleed*

Gimme Shelter

Midnight Rambler

You Can't Always Get What You Want

Brian Jones annonce son départ du groupe, il est remplacé par Mick Taylor

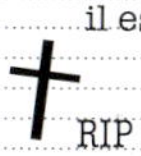


Jones est retrouvé mort dans sa piscine

**1970**

*Get Yer Ya-Ya's Out*

Jumpin' Jack Flash

Honky Tonk Women

Un fan des Stones meurt poignardé par des Hell's Angels lors d'un concert gratuit aux USA

**1971**

*Sticky Fingers*

Brown Sugar

Wild Horses

Les Stones lancent leur propre label, Rolling Stones Records

Ils sortent *Sticky Fingers*

Mick Taylor quitte le groupe, il est remplacé par le guitariste des Faces : Ron Wood

# Le diamant

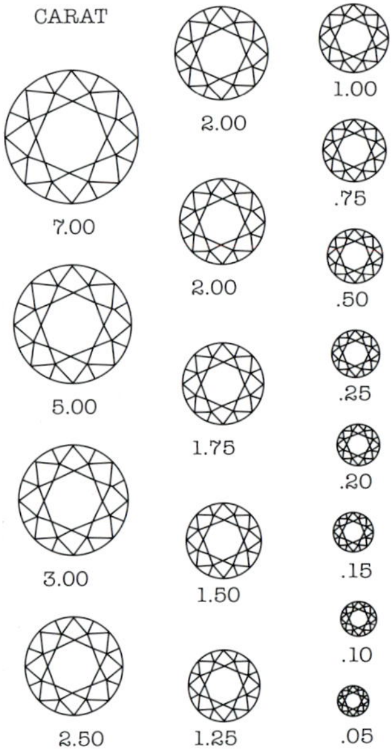
CARAT
7.00
5.00
3.00
2.50
2.00
2.00
1.75
1.50
1.25
1.00
.75
.50
.25
.20
.15
.10
.05

Trop aplati
Idéal
Trop épais

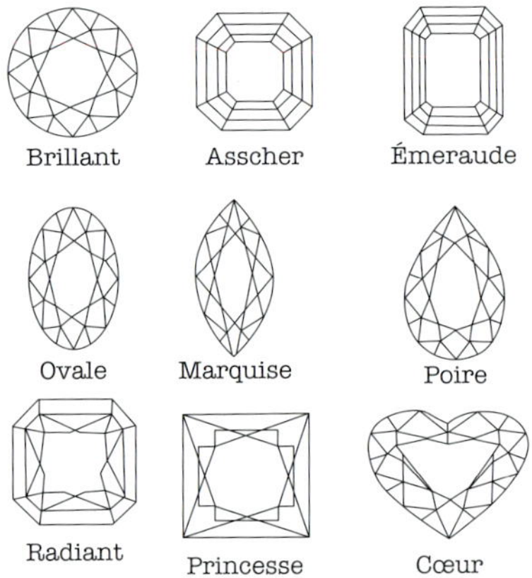
Brillant
Asscher
Émeraude
Ovale
Marquise
Poire
Radiant
Princesse
Cœur

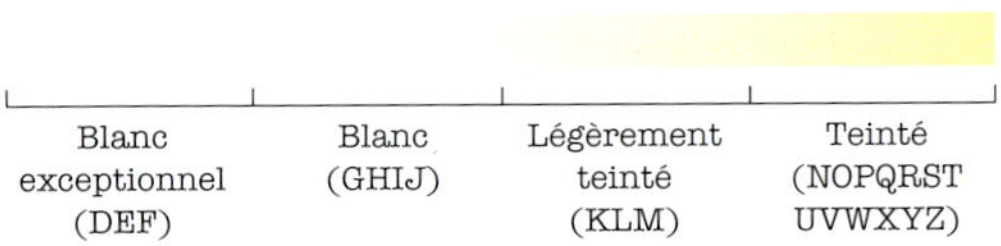
Blanc exceptionnel (DEF)
Blanc (GHIJ)
Légèrement teinté (KLM)
Teinté (NOPQRST UVWXYZ)

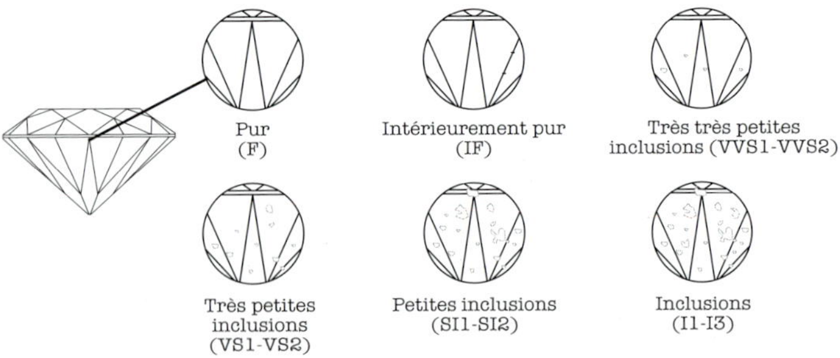
Pur (F)
Intérieurement pur (IF)
Très très petites inclusions (VVS1-VVS2)
Très petites inclusions (VS1-VS2)
Petites inclusions (SI1-SI2)
Inclusions (I1-I3)

# Le carbone

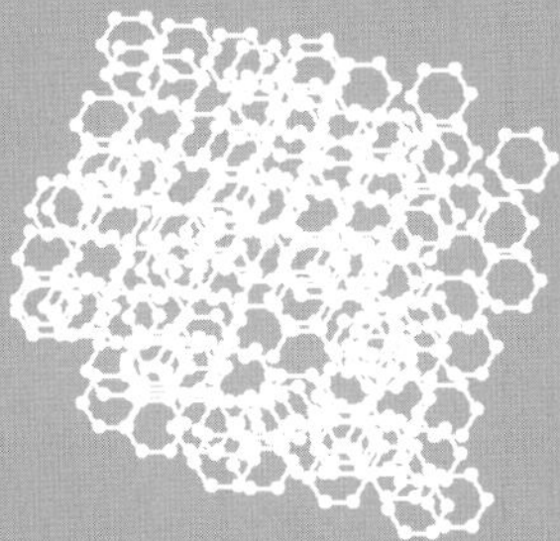

Diamant

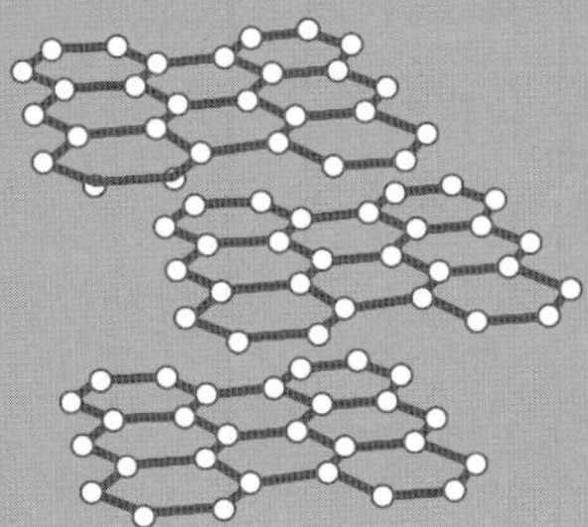

Graphite

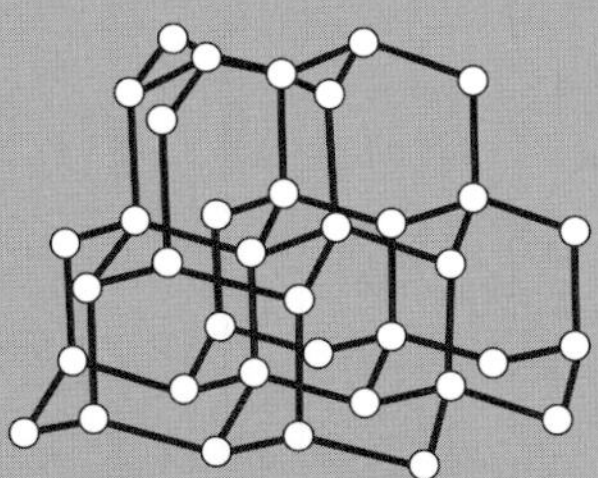

Charbon

# L'ÉCHELLE DES TEMPS GÉOLOGIQUES DE LA TERRE

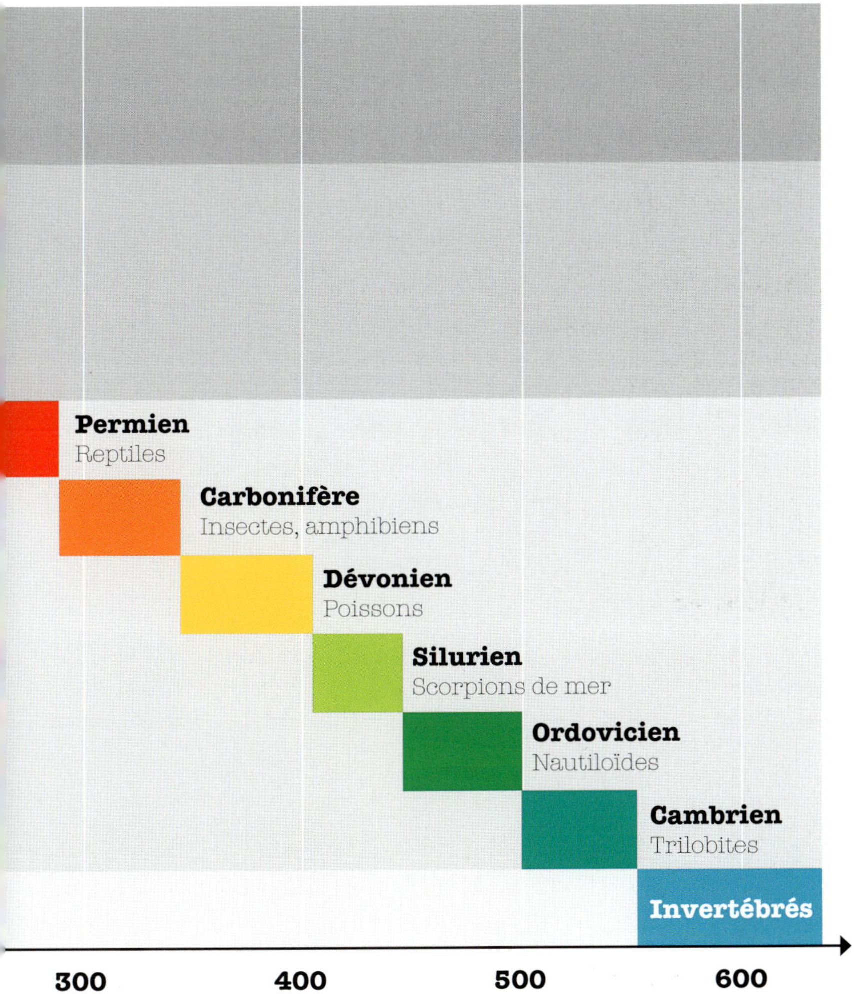

Permien
Reptiles
Carbonifère
Insectes, amphibiens
Dévonien
Poissons
Silurien
Scorpions de mer
Ordovicien
Nautiloïdes
Cambrien
Trilobites
Invertébrés
300
400
500
600

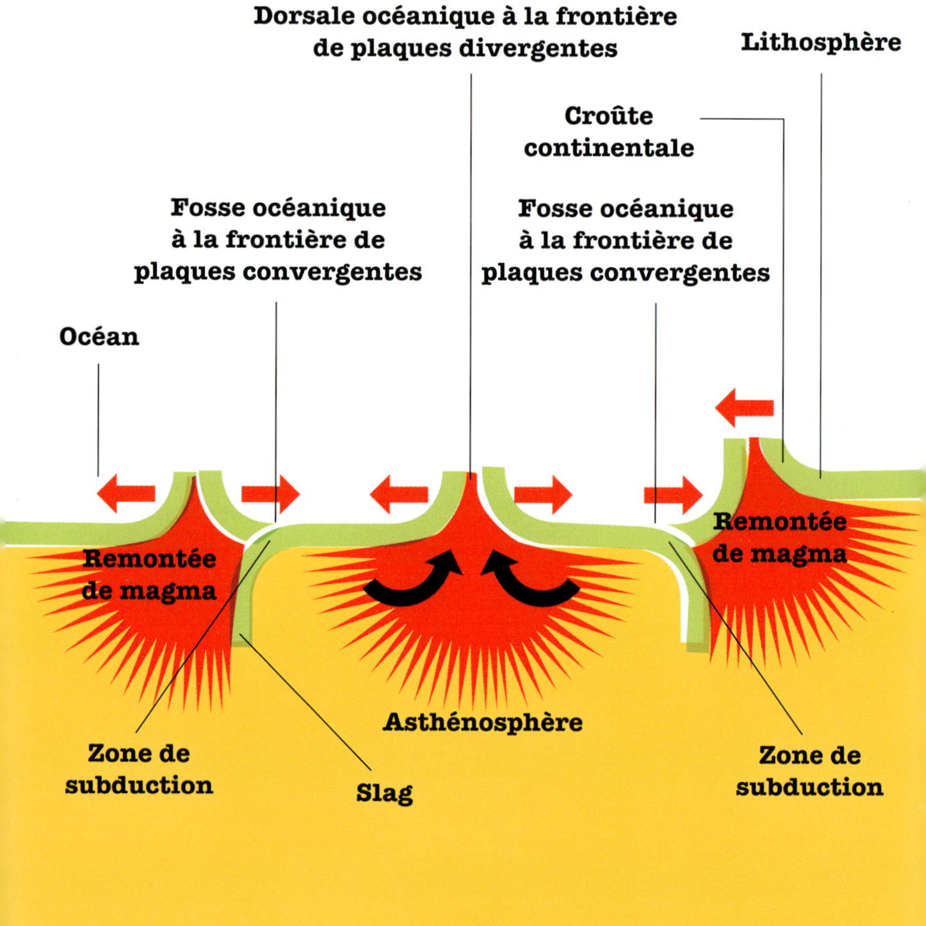


# Les plaques tectoniques

# Le volcan

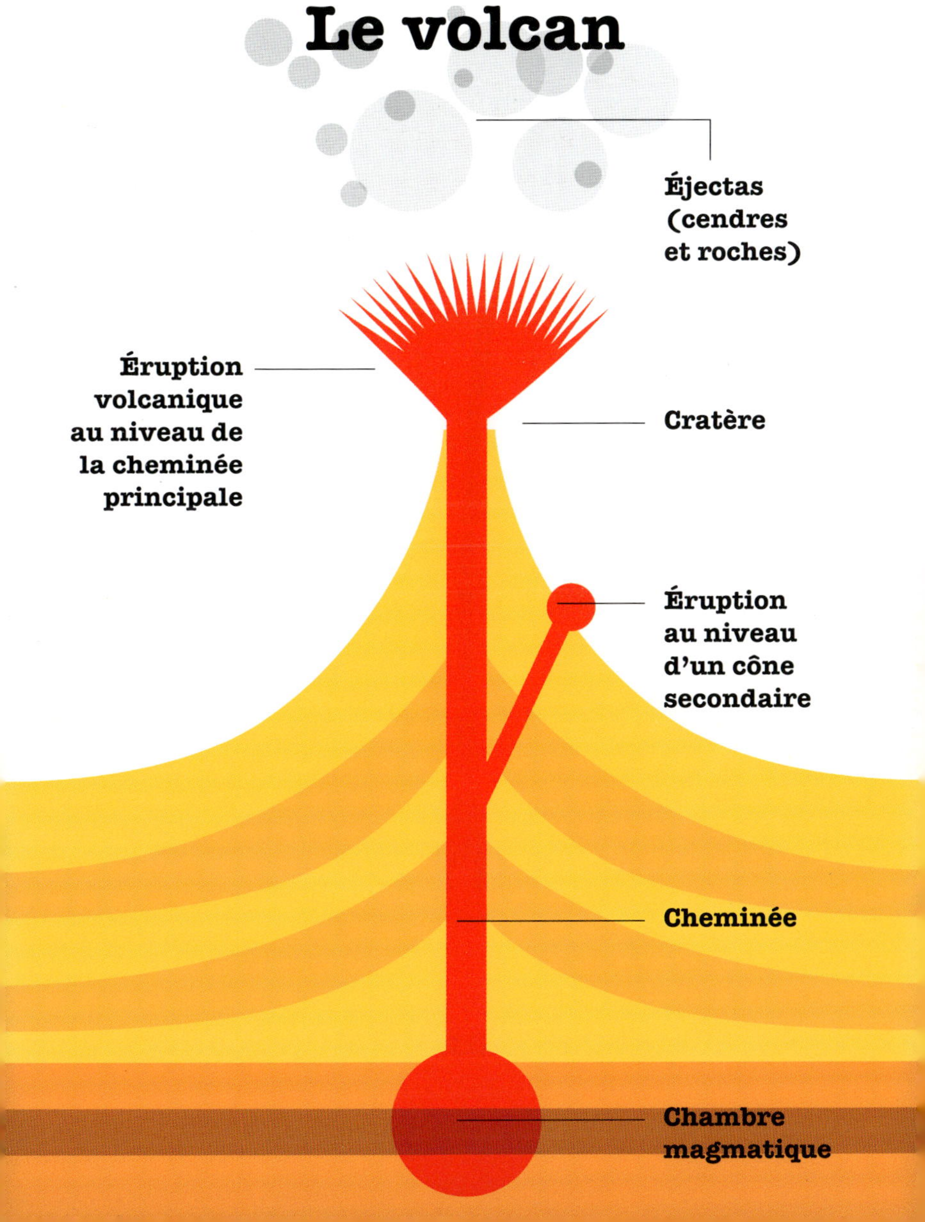
Éjectas (cendres et roches)
Éruption volcanique au niveau de la cheminée principale
Cratère
Éruption au niveau d'un cône secondaire
Cheminée
Chambre magmatique

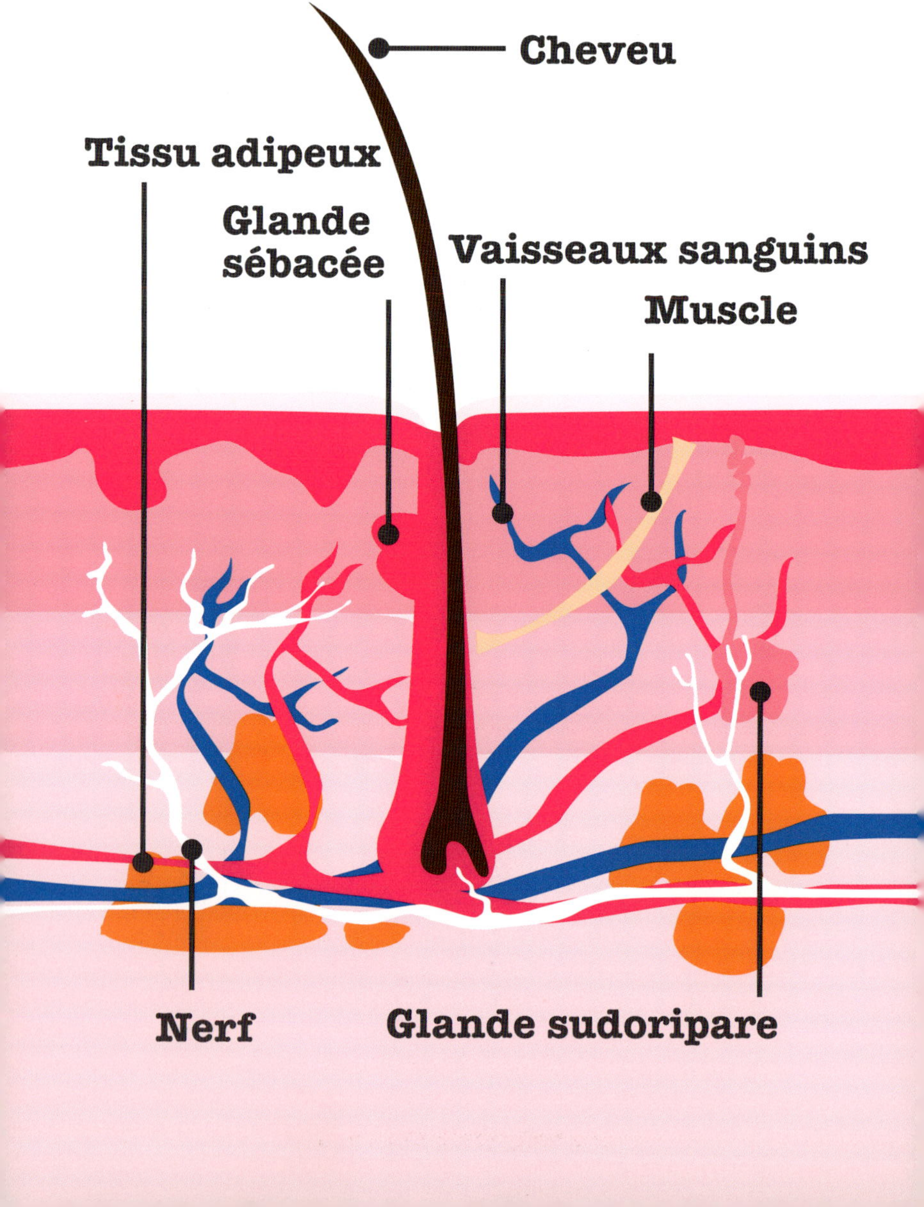
Cheveu
Tissu adipeux
Glande sébacée
Vaisseaux sanguins
Muscle
Nerf
Glande sudoripare

**Les coupes de cheveux**

Les chapeaux

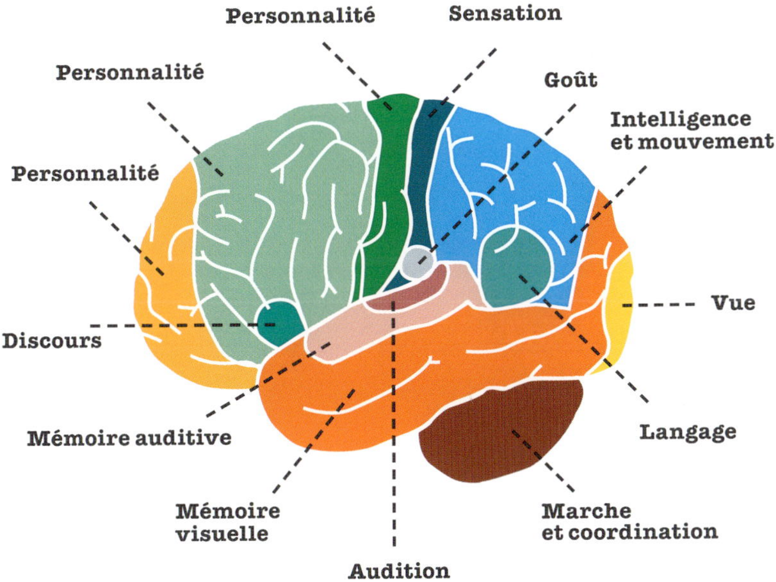


Le cerveau humain

## Le système nerveux humain

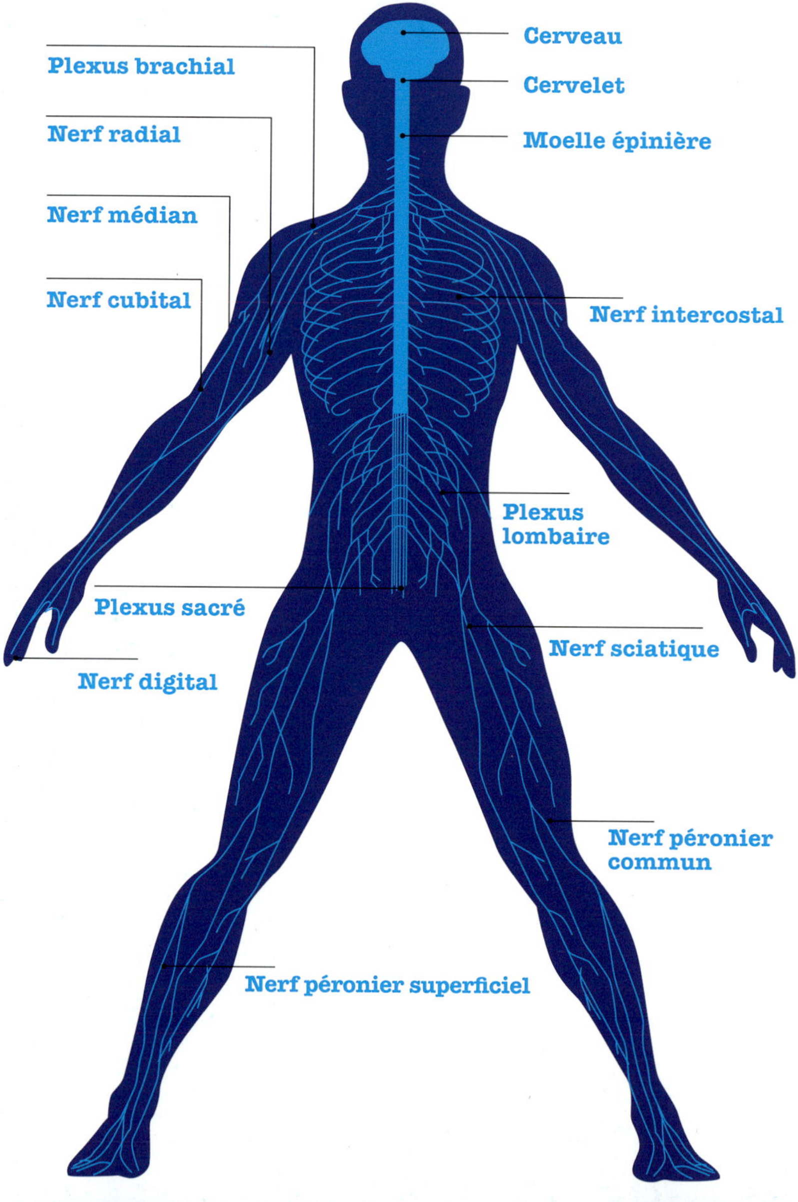

# Les fleuves d'Amérique du Sud

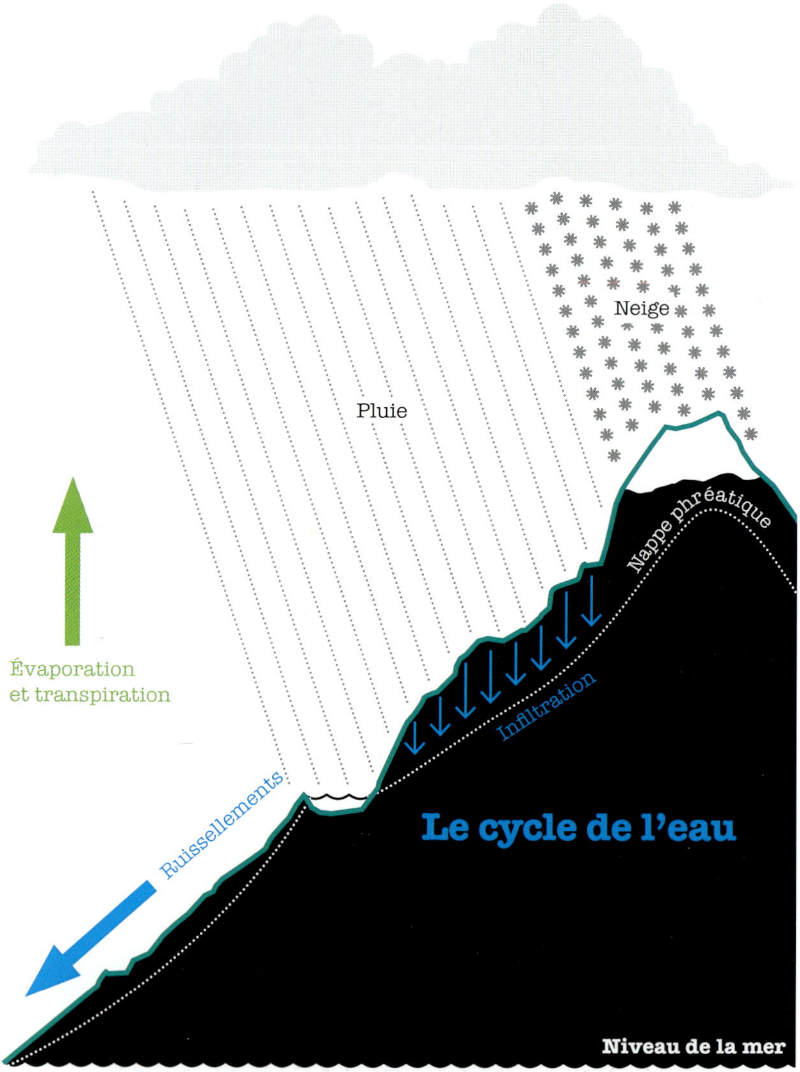
Neige
Pluie
Évaporation
et transpiration
Nappe phréatique
Infiltration
Ruissellements
Le cycle de l'eau
Niveau de la mer

Everest, 8 848 m, Népal-Tibet
K2, 8 611 m, Pakistan-Chine
Aconcagua, 6 962 m, Argentine
Huascaran, 6 768 m, Pérou
Mont Logan, 5 959 m, Canada
Kilimandjaro, 5 895 m, Tanzanie
Elbrouz, 5 642 m, Russie
Mont Blanc, 4 808 m, France-Italie
Kinabalu, 4 093 m, Malaisie
Pico del Águila, 3 894 m, Mexique
Gunnbjørn, 3 700 m, Groenland
Emi Koussi, 3 415 m, Tchad
Etna, 3 263 m, Italie
Mont Apo, 2 954 m, Philippines
Môco, 2 610 m, Angola
Galdhøpiggen, 2 469 m, Norvège
Mont Halla, 1 950 m, Corée du Sud
Ben Nevis, 1 344 m, Écosse
Vésuve, 1 270 m, Italie
Les montagnes
Europe
Afrique
Asie
Amérique du Nord
Amérique du Sud
Niveau de la mer

## Les tours et les monuments

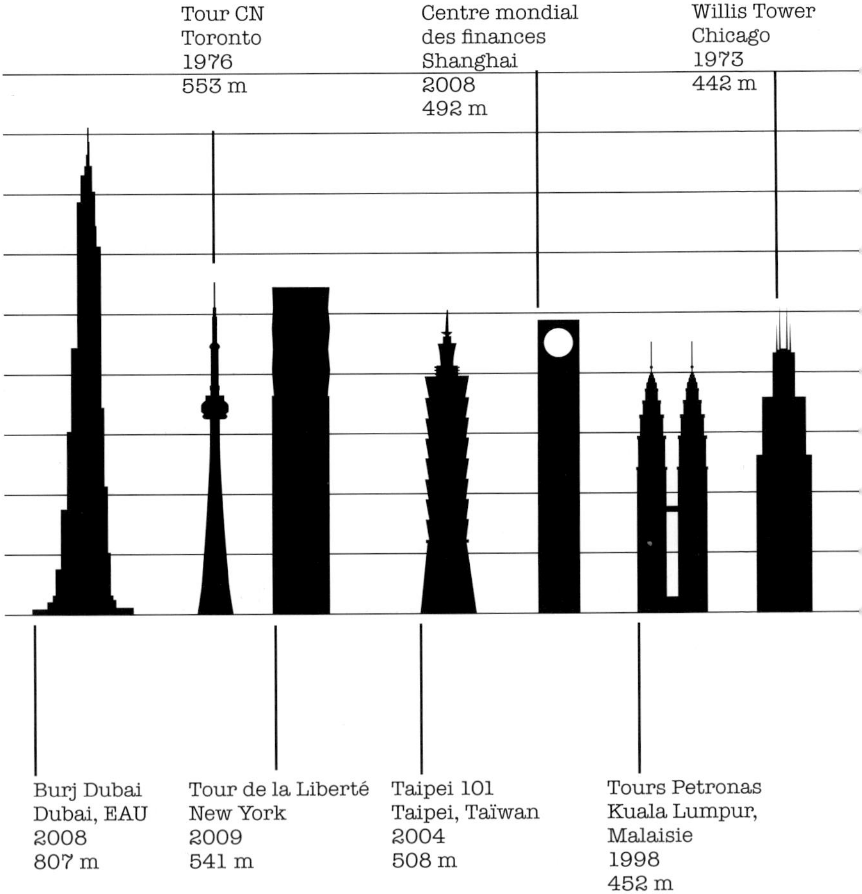

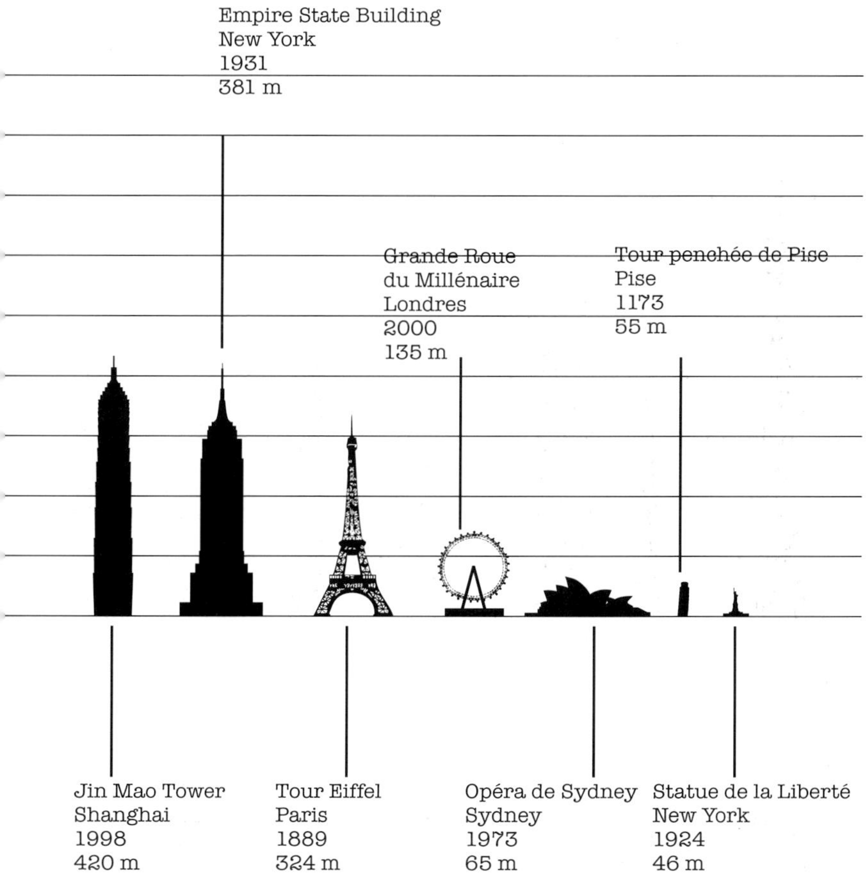
Empire State Building
New York
1931
381 m
Grande Roue
du Millénaire
Londres
2000
135 m
Tour penchée de Pise
Pise
1173
55 m
Jin Mao Tower
Shanghai
1998
420 m
Tour Eiffel
Paris
1889
324 m
Opéra de Sydney
Sydney
1973
65 m
Statue de la Liberté
New York
1924
46 m

# L'architecture gothique

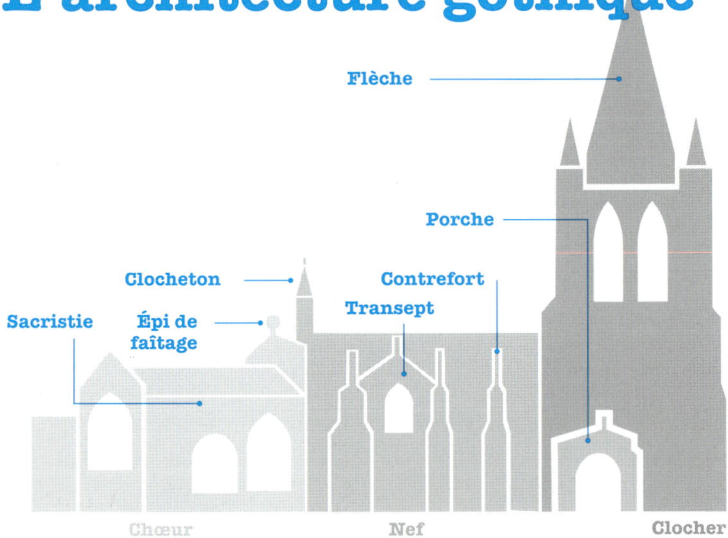


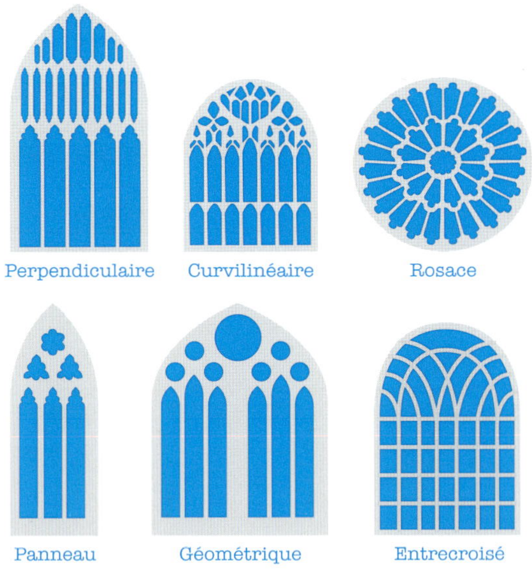

# L'architecture classique

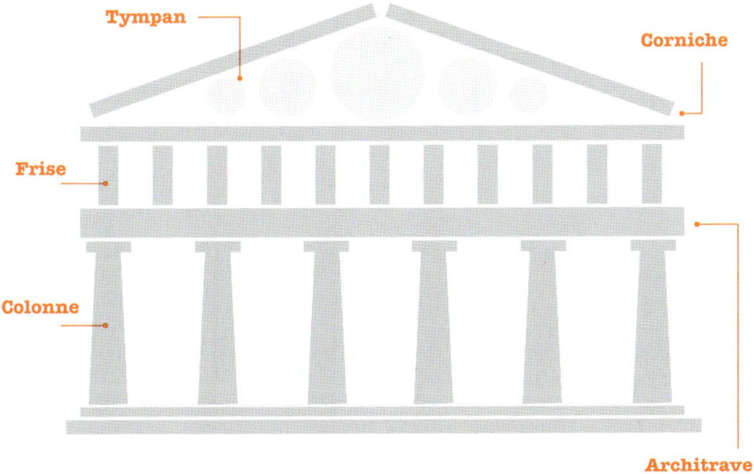

| Les dieux grecs | Les dieux romains |
| --- | --- |
| Zeus | Jupiter |
| Héra | Junon |
| Poséidon | Neptune |
| Hadès | Pluton |
| Phébus | Apollon |
| Dyonisos | Bacchus |
| Déméter | Cérès |
| Éros | Cupidon |
| Artémis | Diane |
| Arès | Mars |
| Hermès | Mercure |
| Athéna | Minerve |
| Cronos | Saturne |
| Aphrodite | Vénus |
| Hestia | Vesta |
| Héphaïstos | Vulcain |
| Gaïa | Terra |
| Uranus | Uranus |
| Asclépios | Esculape |
| Hypnos | Somnus |
| Nikê | Victoria |

................................ **Souverain du ciel**

................................ **Déesse du mariage**

................................ **Dieu de la mer**

................................ **Dieu des morts**

................................ **Dieu du soleil**

................................ **Dieu du vin**

................................ **Déesse des moissons**

................................ **Dieu de l'amour**

................................ **Déesse de la chasse**

................................ **Dieu de la guerre**

................................ **Dieu des voyageurs et du commerce**

................................ **Déesse de la guerre et des artistes**

................................ **Dieu de l'agriculture**

................................ **Déesse de l'amour et de la beauté**

................................ **Déesse du foyer et de la famille**

................................ **Dieu de la forge et du feu**

................................ **Terre mère**

................................ **Dieu du ciel**

................................ **Dieu de la médecine**

................................ **Dieu du sommeil**

................................ **Déesse de la victoire**

# Le théorème de Pythagore

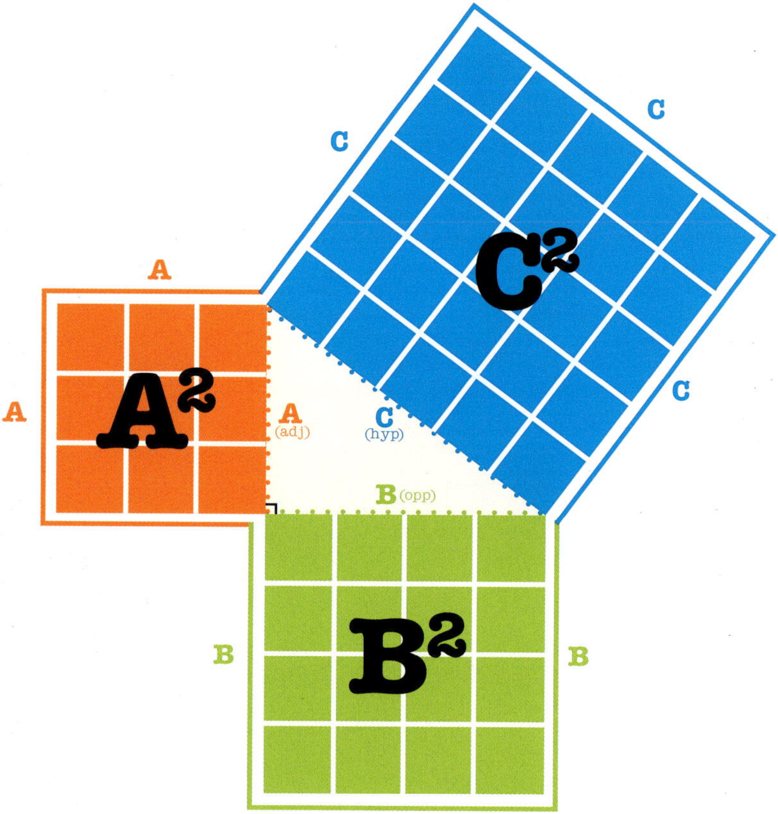


$A^2 + B^2 = C^2$

($C^2 - B^2 = A^2$) (adj + opp = hyp)

($C^2 - A^2 = B^2$)

# Le théorème du cercle

$\pi$ : 3,141592...

$C = 2\pi \times R$

$D = 2R$

$Aire = \pi \times R^2$

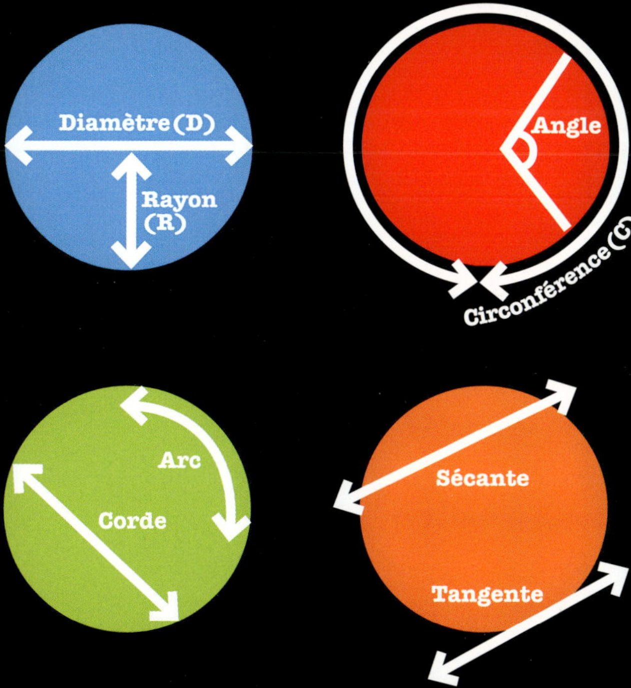

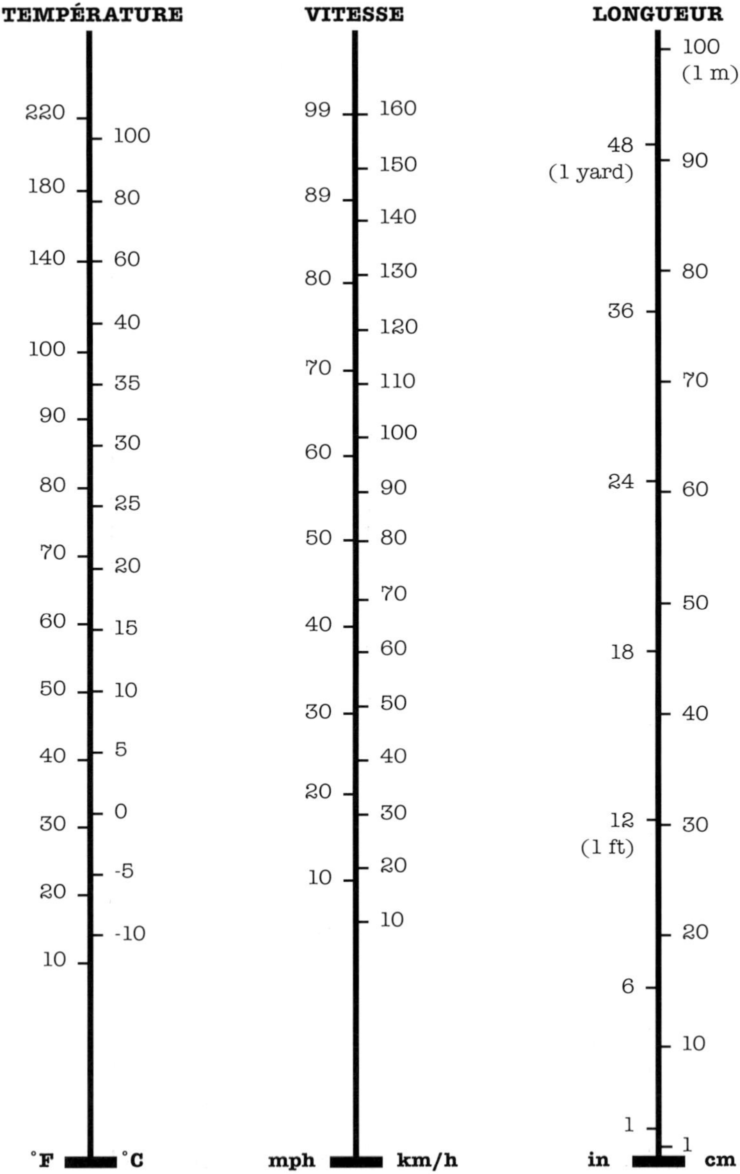
TEMPÉRATURE
°F
220
180
140
100
90
80
70
60
50
40
30
20
10
°C
100
80
60
40
35
30
25
20
15
10
5
0
-5
-10
VITESSE
mph
99
89
80
70
60
50
40
30
20
10
km/h
160
150
140
130
120
110
100
90
80
70
60
50
40
30
20
10
LONGUEUR
in
48
(1 yard)
36
24
18
12
(1 ft)
6
1
cm
100
(1 m)
90
80
70
60
50
40
30
20
10
1

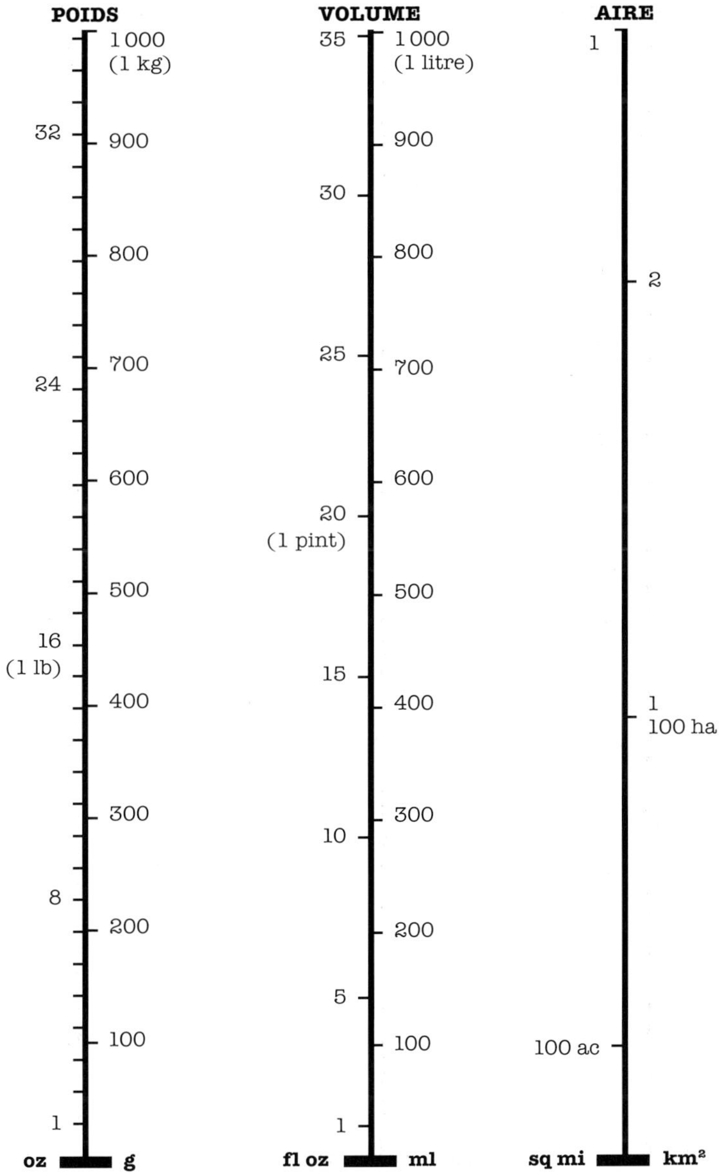

POIDS
1 000
(1 kg)
32
900
800
24
700
600
500
16
(1 lb)
400
300
8
200
100
1
oz
g
VOLUME
35
1 000
(1 litre)
900
30
800
25
700
600
20
(1 pint)
500
15
400
300
10
200
5
100
1
fl oz
ml
AIRE
1
2
1
100 ha
100 ac
sq mi
km²

# Les durées de vol

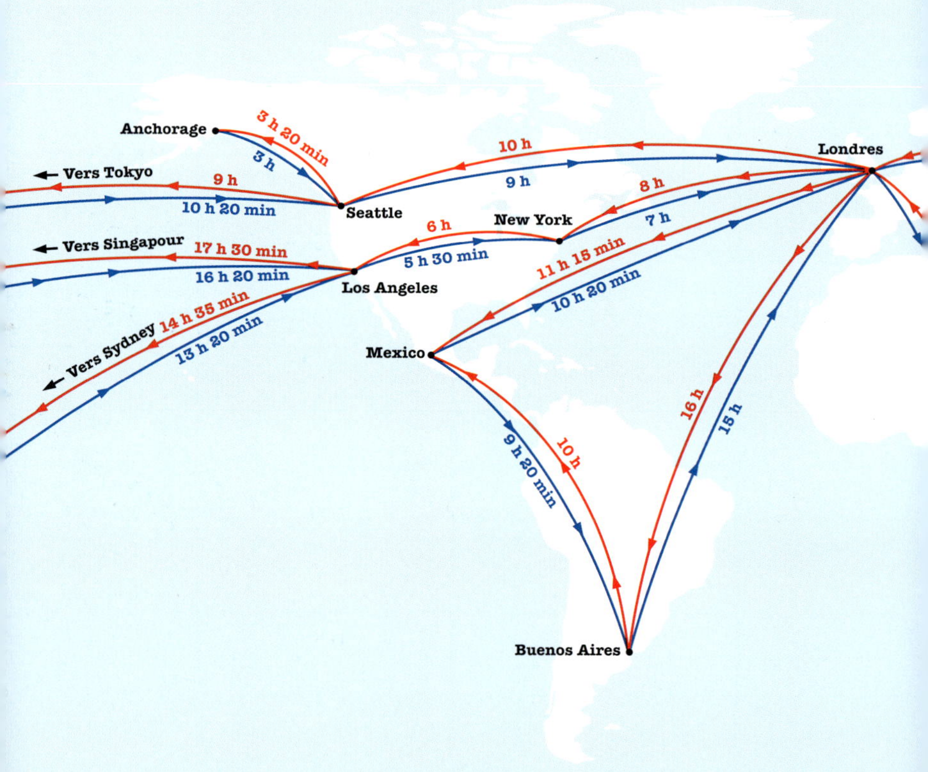

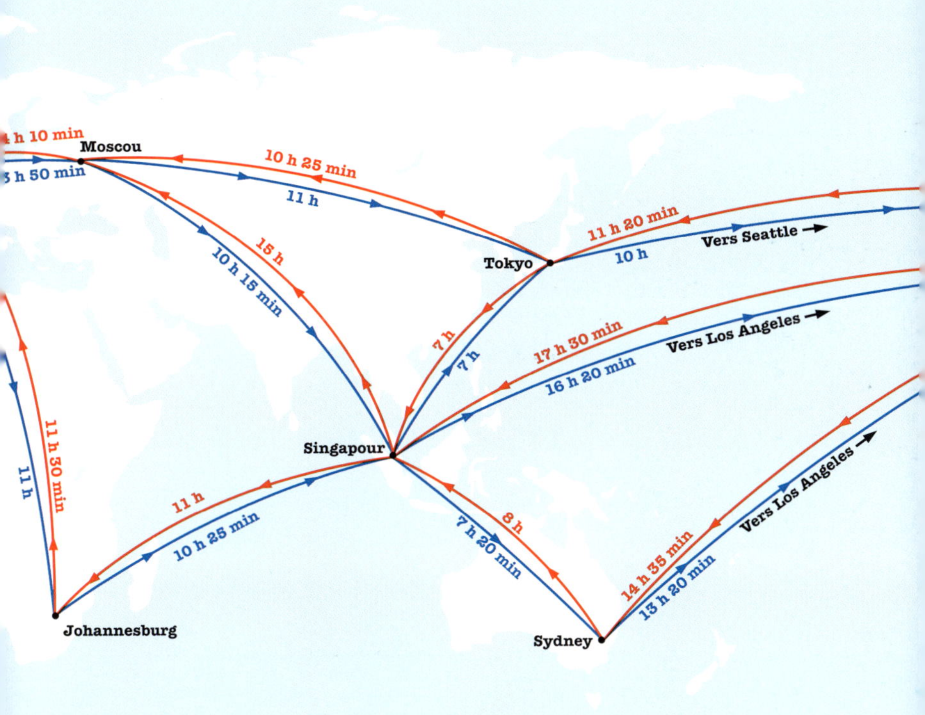
h 10 min
Moscou
h 50 min
10 h 25 min
11 h
15 h
10 h 15 min
11 h 20 min
Vers Seattle
Tokyo
10 h
7 h
7 h
17 h 30 min
Vers Los Angeles
16 h 20 min
Singapour
11 h 30 min
11 h
11 h
10 h 25 min
8 h
7 h 20 min
14 h 35 min
13 h 20 min
Vers Los Angeles
Johannesburg
Sydney

# LES FUSEAUX HORAIRES

1
+2
+3
+4
+5
+6
+7
+8
+9
+10
+11
+12
Helsinki
Moscou
Berlin
Rome
Ankara
Athènes
Jérusalem
Le Caire
Koweït
New Delhi
Mascate
Beijing
Séoul
Tokyo
Hong Kong
Taipei
Bangkok
Manille
Colombo
Bandar Seri Begawan
Singapour
Nairobi
Jakarta
Suva
Johannesburg
Perth
Sydney
Canberra
Wellington

# La table de multiplication

| | 1 | 2 | 3 | 4 | 5 | 6 | 7 | 8 | 9 | 10 | 11 | 12 |
|---|---|---|---|---|---|---|---|---|---|---|---|---|
| 1 | 1 | 2 | 3 | 4 | 5 | 6 | 7 | 8 | 9 | 10 | 11 | 12 |
| 2 | 2 | 4 | 6 | 8 | 10 | 12 | 14 | 16 | 18 | 20 | 22 | 24 |
| 3 | 3 | 6 | 9 | 12 | 15 | 18 | 21 | 24 | 27 | 30 | 33 | 36 |
| 4 | 4 | 8 | 12 | 16 | 20 | 24 | 28 | 32 | 36 | 40 | 44 | 48 |
| 5 | 5 | 10 | 15 | 20 | 25 | 30 | 35 | 40 | 45 | 50 | 55 | 60 |
| 6 | 6 | 12 | 18 | 24 | 30 | 36 | 42 | 48 | 54 | 60 | 66 | 72 |
| 7 | 7 | 14 | 21 | 28 | 35 | 42 | 49 | 56 | 63 | 70 | 77 | 84 |
| 8 | 8 | 16 | 24 | 32 | 40 | 48 | 56 | 64 | 72 | 80 | 88 | 96 |
| 9 | 9 | 18 | 27 | 36 | 45 | 54 | 63 | 72 | 81 | 90 | 99 | 108 |
| 10 | 10 | 20 | 30 | 40 | 50 | 60 | 70 | 80 | 90 | 100 | 110 | 120 |
| 11 | 11 | 22 | 33 | 44 | 55 | 66 | 77 | 88 | 99 | 110 | 121 | 132 |
| 12 | 12 | 24 | 36 | 48 | 60 | 72 | 84 | 96 | 108 | 120 | 132 | 144 |

**Nombres carrés**

# Dresser le couvert

ASSIETTE À PAIN
Couteau à pain

Fourchette à salade
Fourchette à poisson
Fourchette principale

ASSIETTE
Serviette

Fourchette à dessert
Cuillère à dessert

Couteau principal
Couteau à poisson
Couteau à entrée
Cuillère à soupe

verre à eau
verre à vin rouge
verre à vin blanc
flûte à champagne

## L’échiquier

# Henry VIII

## 1491-1547

## Règne : 1509-1547

**Épouses**

| | | | | | |
|---|---|---|---|---|---|
| Catherine d'Aragon | Anne Boleyn | Jeanne Seymour | Anne de Clèves | Catherine Howard | Catherine Parr |
| (1) DIVORCÉE | (2) DÉCAPITÉE | (3) MORTE | (4) DIVORCÉE | (5) DÉCAPITÉE | (6) SURVIVANTE |
| M.1509-1533 | M.1533-1536 | M.1536-1537 | M.1540 | M.1540-1542 | M.1543-1547 |

**Enfants**

| | | |
|---|---|---|
| Marie I^re (1) | Elizabeth I^re (2) | Edward VI (3) |
| Règne : 1553-1558 | Règne : 1558-1603 | Règne : 1547-1553 |

## Les mains au poker

| | | | | | |
|---|---|---|---|---|---|
| A♥ | K♥ | Q♥ | J♥ | 10♥ | Quinte royale |
| 4♣ | 5♣ | 6♣ | 7♣ | 8♣ | Quinte flush |
| 9♠ | 9♦ | 9♣ | 9♥ | 2♥ | Carré |
| J♠ | J♦ | J♣ | 3♥ | 3♣ | Full |
| 2♠ | 7♠ | 4♠ | 8♠ | A♠ | Couleur |
| 7♠ | 8♦ | 9♣ | 10♣ | J♥ | Suite |
| 2♠ | 2♣ | 2♦ | 6♥ | Q♥ | Brelan |
| 4♠ | 4♦ | 7♣ | 7♦ | 10♠ | Double paire |
| 3♠ | 3♣ | 2♦ | 6♥ | A♥ | Paire |
| K♠ | 4♣ | 6♦ | 8♥ | 2♥ | Carte haute |

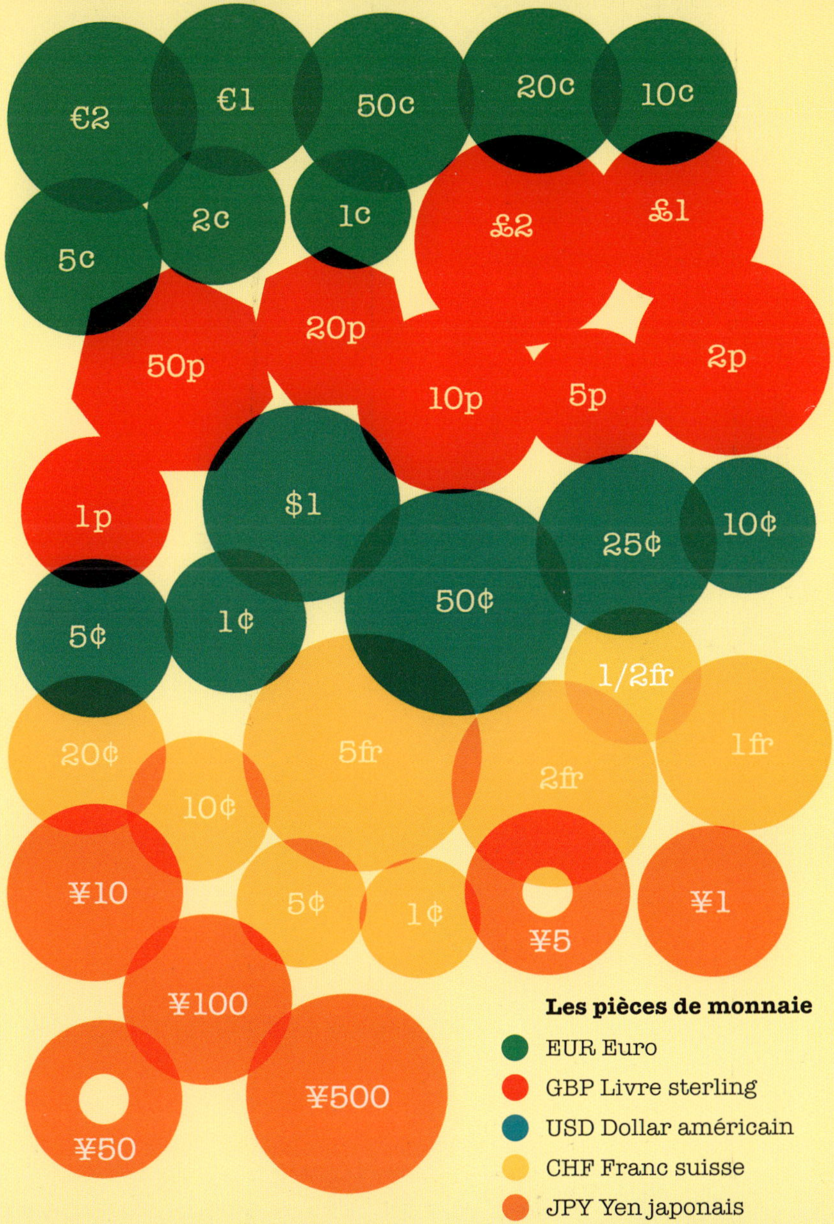
€2
€1
50c
20c
10c
5c
2c
1c
£2
£1
50p
20p
10p
5p
2p
1p
$1
25¢
10¢
5¢
1¢
50¢
1/2fr
20¢
10¢
5fr
2fr
1fr
¥10
5¢
1¢
¥5
¥1
¥100
¥50
¥500
Les pièces de monnaie
EUR Euro
GBP Livre sterling
USD Dollar américain
CHF Franc suisse
JPY Yen japonais

# Le tour de la pièce

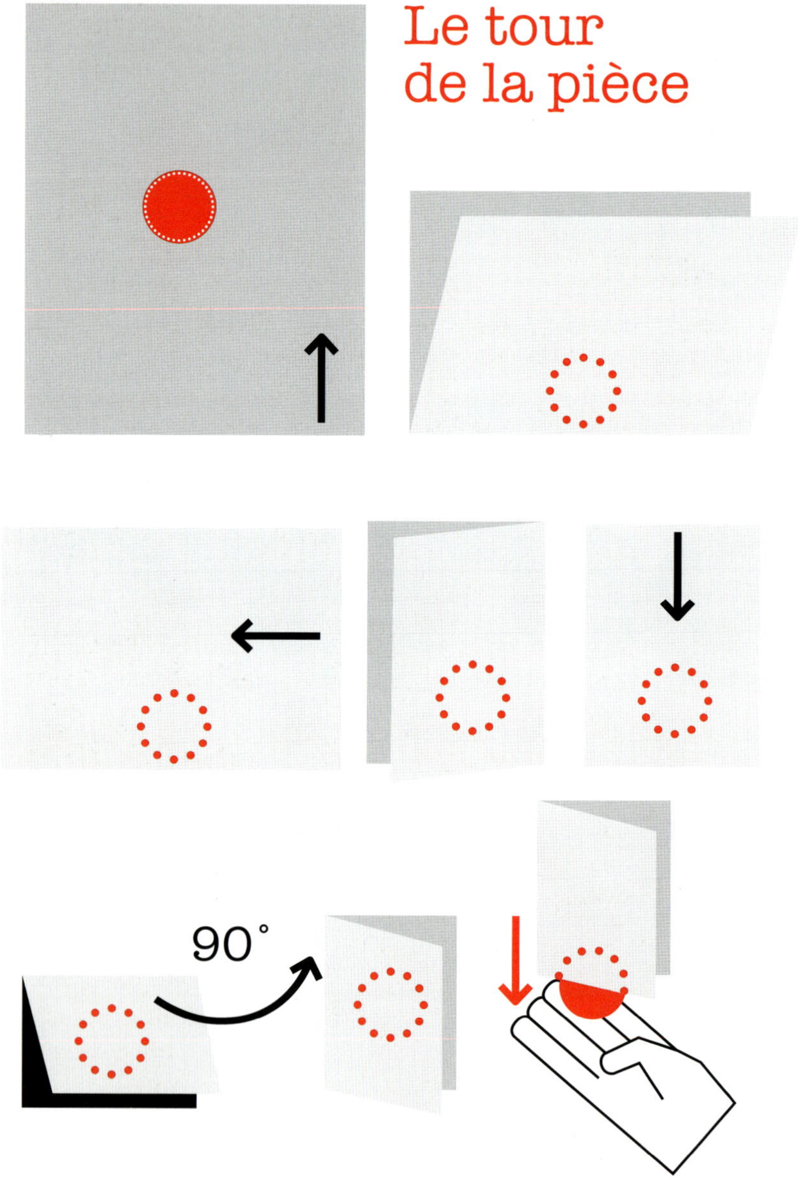

# Le jeu de la ficelle

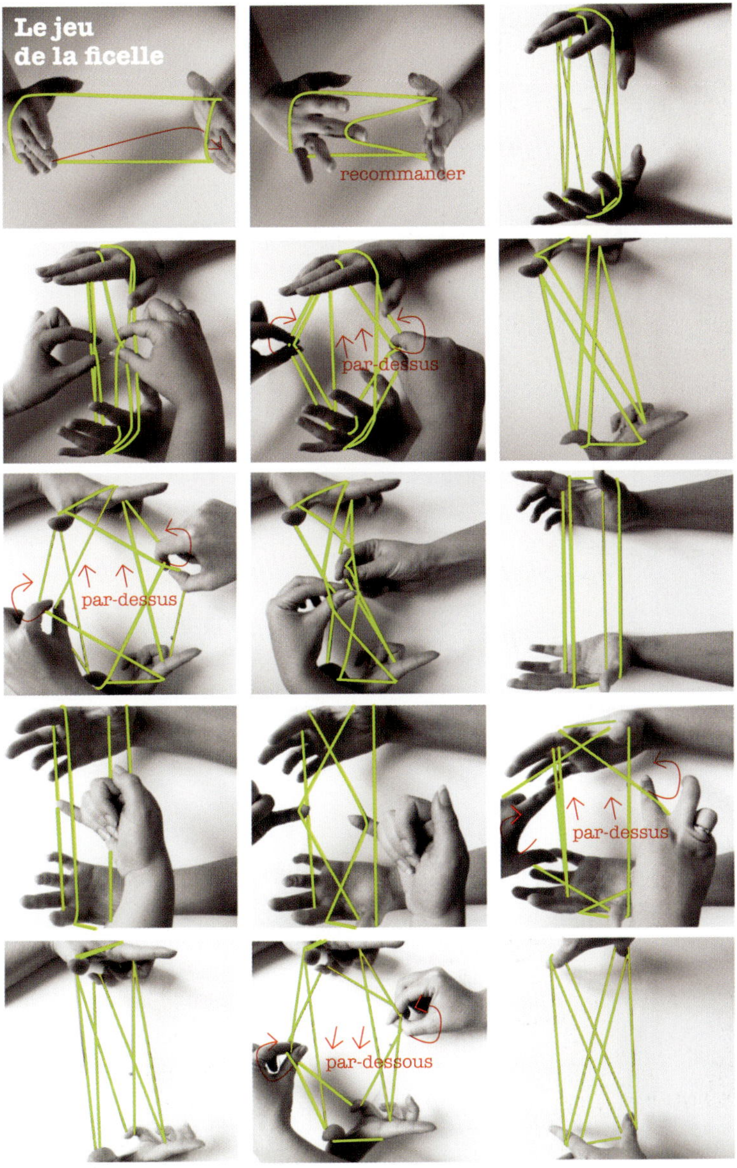

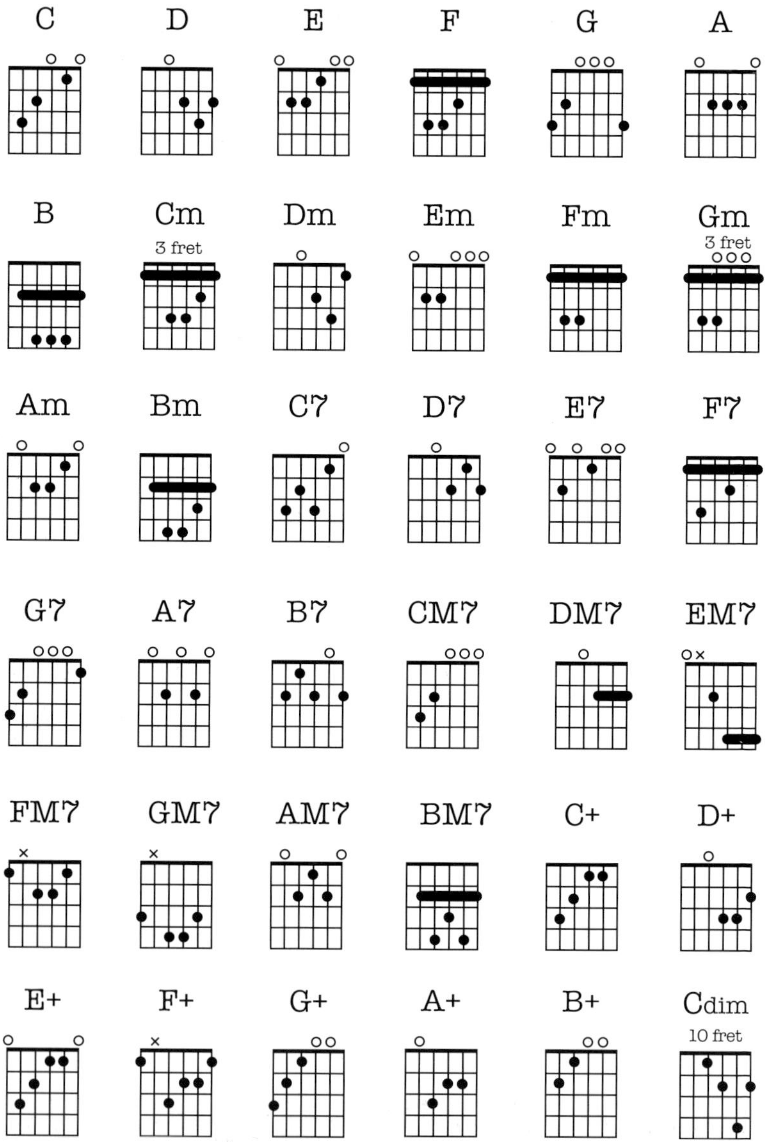
C
D
E
F
G
A
B
Cm
3 fret
Dm
Em
Fm
Gm
3 fret
Am
Bm
C7
D7
E7
F7
G7
A7
B7
CM7
DM7
EM7
FM7
GM7
AM7
BM7
C+
D+
E+
F+
G+
A+
B+
Cdim
10 fret

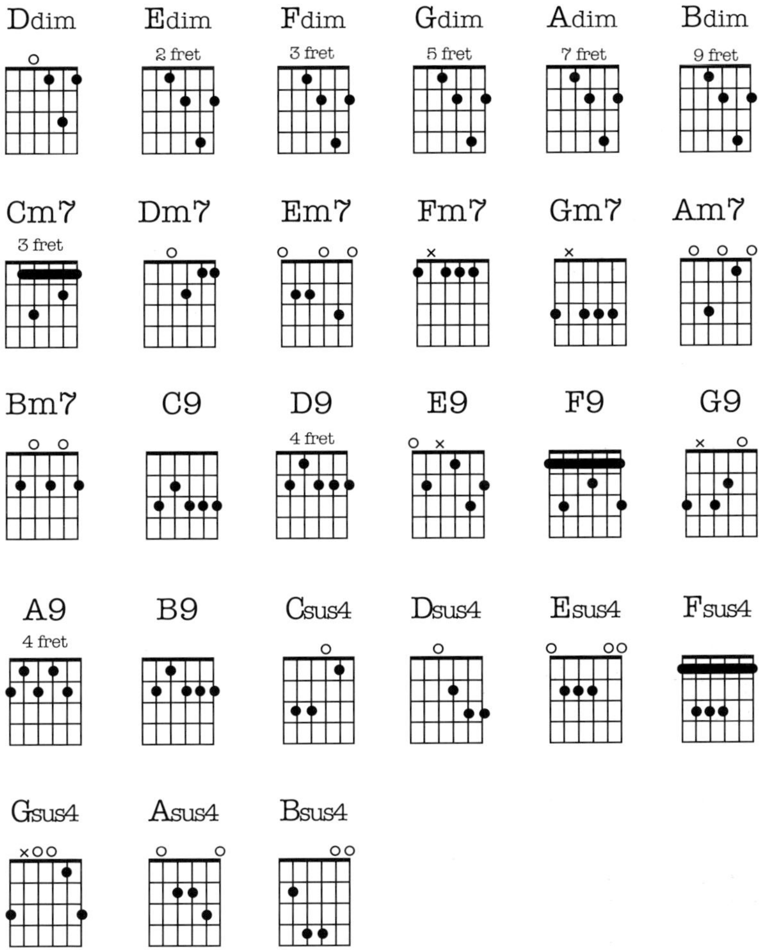


# Les accords de guitare

# Les accords de piano

C

Cm

D

Dm

Db

Dbm

E

Em

Eb

Ebm

F

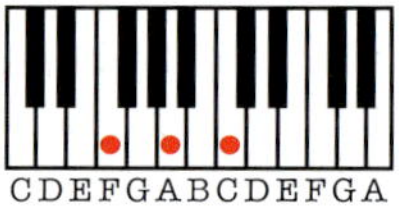


Fm

G

Gm

Gb

Gbm

A

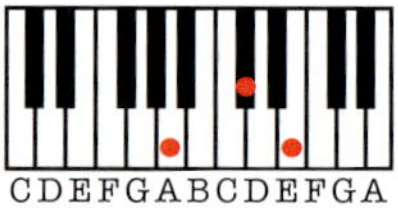


Am

Ab

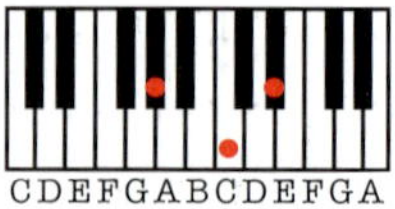


Abm

B

Bm

Bb

Bbm

C7

Cm7

D7

Dm7

Db7

Dbm7

E7

Em7

Eb7

Ebm7

F7

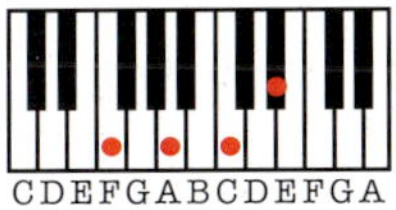


Fm7

G7

Gm7

Gb7

Gbm7

A7

Am7

Ab7

Abm7

B7

Bm7

Bb7

Bbm7

0
10
20
30
40
50
60
70
80
90
100
110
120
130
140
150
160
170
180
190
200
dB
Les décibels

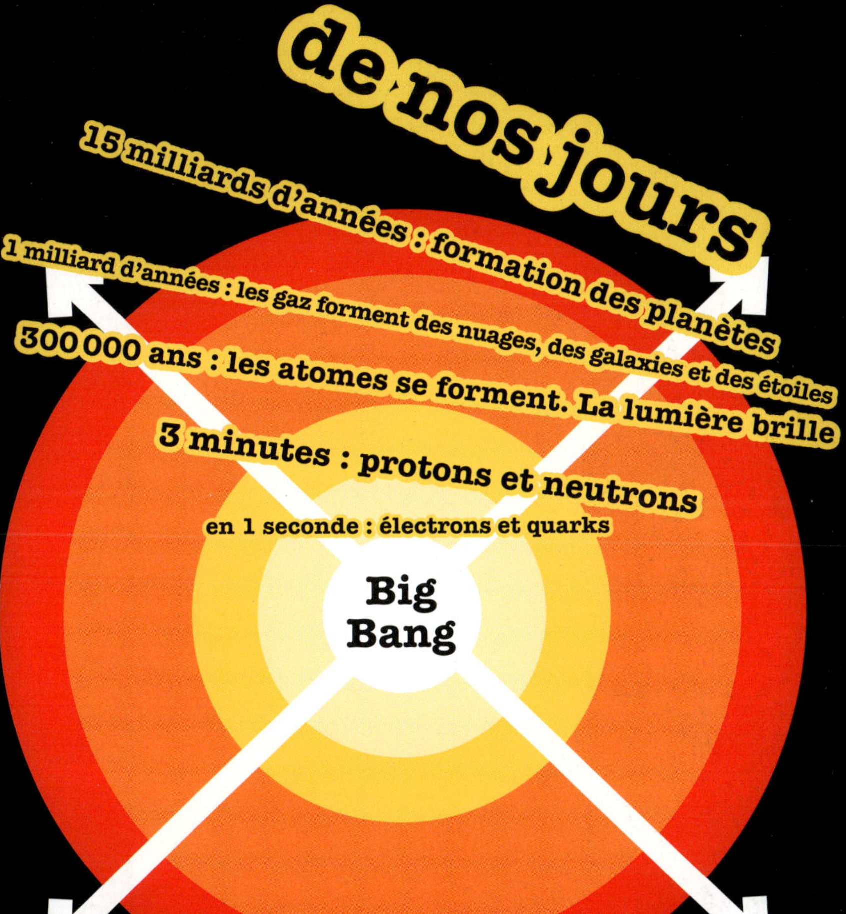
de nos jours
15 milliards d'années : formation des planètes
1 milliard d'années : les gaz forment des nuages, des galaxies et des étoiles
300 000 ans : les atomes se forment. La lumière brille
3 minutes : protons et neutrons
en 1 seconde : électrons et quarks
Big Bang

Remerciements

Chez Draught Associates : Dave Gibson, Michael Lenz, Rachel James, Helen Turner, Matthew Hawkins, Amy Alldred, Eilin Bergum, Emma Harney, Bethany McLean, Rachel Oriel, Matthew Scott, Rishi Sodha.

Chez Black Dog Publishing : Annabell Power, Christopher McLane, Duncan McCorquodale, Irene Amore, Joshua Baker, Nadine Monem, Nikos Kotsopoulos

Publié pour la première fois en 2008 par Black Dog Publishing Limited (Grande-Bretagne) sous le titre : *Visual Aid*


Imprimé par PULSIO en Bulgarie en septembre 2011

Traduction : Charlotte Fritsch
Mise en pages : Alice Nussbaum

ISBN : 978-2-36080-012-4 – Dépôt légal : juin 2010


www.editionslebaronperche.com